帝王心理传记

李 抗 ◎ 著

中国社会科学出版社

图书在版编目(CIP)数据

帝王心理传记 / 李抗著 . —北京：中国社会科学出版社，2017.11
ISBN 978-7-5203-0288-3

Ⅰ.①帝⋯　Ⅱ.①李⋯　Ⅲ.①帝王-列传-中国-古代　Ⅳ.①K827=2

中国版本图书馆 CIP 数据核字（2017）第 094928 号

出 版 人	赵剑英
责任编辑	任　明
责任校对	沈丁晨
责任印制	李寡寡

出　　版	中国社会科学出版社
社　　址	北京鼓楼西大街甲 158 号
邮　　编	100720
网　　址	http：//www.csspw.cn
发 行 部	010-84083685
门 市 部	010-84029450
经　　销	新华书店及其他书店

印刷装订	北京君升印刷有限公司
版　　次	2017 年 11 月第 1 版
印　　次	2017 年 11 月第 1 次印刷

开　　本	710×1000　1/16
印　　张	12
插　　页	2
字　　数	173 千字
定　　价	58.00 元

凡购买中国社会科学出版社图书，如有质量问题请与本社营销中心联系调换
电话：010-84083683
版权所有　侵权必究

自序

心理传记学是一门"理解人"的科学

我非常认同美国心理学家艾伦·埃尔穆斯（Alan Elms）的观点，他认为"心理传记学是心理学研究的一种方式。它是一种特殊的方式、一种艺术的方式、一种更为艰难的方式。"心理传记学特殊在什么地方，艰难在什么地方呢？我们知道，科学心理学的研究是通过操纵变量，选取匿名被试，在实验室的环境下进行的，企图构建变量间的关系用来说明"客观的人"。而心理传记学研究的人即具客观性质也具有主观性质，即具有普遍的理性特征也具有特殊的价值和情感取向，可以说又是在一定历史背景下生活的"关系性质"的人。所以，心理传记学虽然是研究个人，但却放眼于个体与世界的共在性，并从多个视角来理解个案。

心理学传记学的目标更着重于"理解人"，而不是"说明人"。威廉·舒尔茨（William Schultz）认为："心理传记学的目标可以简单陈述为对人的理解，尽管实现这个目标非常困难，心理传记学家花费大量的精力来思索、写作，其目的就是试图理解那些最复杂的，最具有创造性的，甚至有时自相矛盾的个体生命，他们中有许多人为了他们的目标而奋斗终生。"这就是说，心理传记学属于一种人文科学，而不是自然科学，更不同于文学传记学或历史传记学。文学传记允许作者的想象虚构和再创造，而历史传记学却像户口簿或记事录一样，不进行系统地个体心理或文化心理的分析。但并不是说，心理传记学就不需要文学和历史学的方法。历史学的资料是心理传记研究者依赖的证据，没有史书资料和文物作品，心理传记也无法开展。另外，心理传记研究者为了传记的易读性，可以在表述上借助文学的手法。基于这点，也可以说心理传记的创作也具有艺术属性。总之，心理传记学所进行的是一种理解人的综合的研究，遵循的是一种人文科学的研究范式。

心理传记学和心理学的发展可谓同时起步。精神分析的创始人弗洛伊德（Sigmund Freud）可以说是心理传记的先锋人物，他从精神分析心理学的视角研究了天才画家列奥纳多·达芬奇，解释了性心理与艺术创作之间的关系。此外，弗洛伊德还分析了犹太教与基督教中的核心人物摩西。当然，弗洛伊德写作心理传记的目的是为了证明精神分析理论的科学性，而不完全是为了理解人物。另外，他所写的心理传记侧重于人物心理的局部，而不是生命发展的历程。精神分析心理传记学的第二位大师当属美国心理学家埃里克森（Erik Erikson）。埃里克森写出了两本影响较大的著作，分别是《青年路德》和《甘地的真理》。在埃里克森的著作里，尽管他的理论建构比较单一，主要依靠于"自我同一性"理论以说明人物的心理成长和发展，但可以看到他突破了弗洛伊德的理论框架，他的著作开始走向了"理解人"。他的著作是真正的人生传记作品，而不再是心理问题诊断报告书。

在20世纪下半叶的历史中，心理传记学在众多研究者的推动下有了更多发展，最重要的一点是不再依赖于精神分析理论。目前心理学的理论和知识体系是非常丰富的，存在着行为主义、人本主义、进化心理学、认知心理学、积极心理学、文化心理学、社会心理学、后现代心理学等多种类别和层次的理论体系，心理传记者有了更多理解人的工具。本书在分析历史人物中，不再拘泥于一家一派之言，而是从多重理论视角共同聚焦，试图把历史人物的生命秘密说透析烂。同时，真正地从生命史的场（社会文化）和时间两个维度把握个案。"场"是格式塔心理学的一个概念，其原始含义来源于物理学和现象学哲学，而在本书中主要是指人物存在的情境性、社会性、关系性和文化性。当我们去理解个体时，是在理解个体所在的场。在时间维度上，心理传记研究者罗伯特·怀特（Robert white）认为"人格研究应该包含时间维度，这是整个生命史研究及个体性研究的精华所在。"而我认为，时间可以用来解释个人的性格发展、人生发展，所以本书常用"命运"一词来表达此维度。综合相关心理理论，基于两大研究维度是本书理解人物心理和命运发展的关键。此外，本书是多个案的传记著作，其最大的一个优势是人物之间可以彼此做对比研究，这是本书不同于单一人物心理传记著作的一个特色。

在具体的写作内容上，本书还注重对人物动机因素的分析。这一点可能来源于作者所受人格心理学等因素的影响。因为人格心理学把个体作为一个有组织的具有动力特点的有机体来研究。其次，中华传统文化对作者影响巨大。中华传统文化在评价人的时候是非常重视动机因素的，儒家的圣人孔子、孟子、朱熹和王阳明等都是把"立志"作为做人的根本。如孔子说道"吾十五而志于学"，"三军可夺帅也，匹夫不可夺志也"；孟子提出"夫志，气之帅也""志壹则动气"；荀子提出"志意致修，德行致厚，志虑致明，是天子之所以取天下也"；宋朝的朱熹则认为"志者，心之所之""立志要如饥渴于饮食，才有悠悠，便是志不立""人若不立志，只泛泛地同流合污，便做成甚人？"明朝的王阳明继承孔孟思想，更是重视动机因素。他说："夫志，气之帅也，人之命也，木之本也，水之源也。""志不立，天下无可成之事，虽百工技艺，未有不本于志者。志不立，如无舵之舟，无衔之马，飘荡奔逸，终以何所底乎？"明清之际的大思想家王夫之也是非常重视动机因素对人生命运的影响，强调对志向的培养和管理。他说："人之所以异于禽兽者，唯志而已矣。""志者，人心之主，人为功于天而气因志之治也。"中国古代思想家除了注重动机因素外，还非常注重德才两大品质，但解释德与才形成的源头，志向情感等动机因素起着决定作用。不考虑动机，只是把德与才作为普遍的心理素质对待，对人的认识就缺乏深入性和深刻性。

本书在分析动机因素的过程中，遵循了舒尔茨提倡的另一个观点："心理传记学家应该找出某一行为的多种动机的汇集（动机丛），而不是唯一的动机。"所以，在分析个案时，需要综合个体的特殊经历和智慧，以及传统文化的影响和社会家庭背景等。比如分析秦始皇嬴政的动机就不能忽略他小时候在赵国的人质遭遇，不能忽略在人质期间的母子关系，同样也不能忽略战国的社会背景和嬴氏家族的历史。分析刘秀、朱元璋等人的动机同样不能忽略家庭遭遇的影响，同伴的影响，以及同时的竞争者的影响。分析洪秀全的动机，不能忽略他的客家人身份，不能忽略社会经济危机和他的科举失败的经历，也不能忽略他对梦的解释和宗教信仰因素。

除了分析动机因素之外，本书同时兼顾个案自我概念的生成。自我概念的生成是促成个体命运的系统的有机过程，在某种程度上具有动机性质。自我概念的作用起到引导自我发展、解释自我的作用，并影响到自我预言和成败归因等。自我概念可以帮助一个人回答三个问题，既"我从哪儿来，我的过去是怎么回事？我是谁，我的现状是怎么回事？我向哪里去，我的价值在哪里？"如果回答不了三个问题，那么人们对自我的认识就是模糊的，如果持续的时间过长，就可能产生一定的心理问题。相反，对这三个问题回答清晰的人，目标明确，心理健康，也更容易取得成功。本书中对历史人物的心理传记的写作，就是以这三大问题作为线索而展开的。

本书关注的其他内容是自我效能和智慧因素。自我效能指人对自己是否能够成功地完成某事的主观评价，它与自我能力感是同义的，也是指执行某项事物的自信心。自我效能与经验的因素关系密切。本书中的许多英雄人物，幼年多有成功的经历，对自我的期许较高，预言较为积极。但对命运的期许并不是一次完成的，并非某人自幼就非要成为帝王的，而是在成功经历的刺激下，信心逐渐增高，身份认同逐渐确定，最终把做"皇帝"当成了目标。另外，历史人物的知识、智慧对他们身份意识的形成，人生境界的界定，管理方法的采用和人生事业的成败都起到了影响，本书中也多有涉及。

本书的目的除了在于理解帝王英雄外，还在于提倡学以致用。中华文化最厉害的思想之一是"极高明而道中庸"。好的思想要能落实到实际，我们理解历史人物，是以之为镜，是为了改造好我们的人格，过好当下的人生。科学虽然是中立的，但创造科学的人应该怀有这样的人文胸怀，秉承这样的人文价值，从而服务于人与社会的发展和完善。所以本书在创造中力图以浅显易懂的话来表达中华文化的高深道理，启发读者去塑造更好的思维方式和生命素质。

　　心理学传记学并不是一门完全成熟的学科，其研究方法有着较多争议之处，加之作者的研究能力限制，本书中必然会有不少缺漏谬误之处，作者诚待批评和赐教。

李　抗

目 录

导论 …………………………………………………………… (1)
   第一节　心理与命运 ………………………………………… (1)
   第二节　突破三重蒙蔽 ……………………………………… (3)
   第三节　正向去想 …………………………………………… (5)
   第四节　系统去想 …………………………………………… (7)
   第五节　辩证去想 …………………………………………… (9)

第一章　嬴政 ………………………………………………… (12)
   第一节　借力者生 …………………………………………… (12)
   第二节　被囚禁的童心 ……………………………………… (16)
   第三节　家族的使命 ………………………………………… (18)
   第四节　矛盾的母子 ………………………………………… (22)
   第五节　以乾道修己 ………………………………………… (25)
   第六节　以坤道治人 ………………………………………… (29)
   第七节　战略上的制胜 ……………………………………… (31)
   第八节　失败者的弱点 ……………………………………… (33)
   第九节　统一人心是根本 …………………………………… (36)
   第十节　第一助手的智慧 …………………………………… (38)

第二章　刘邦 ………………………………………………… (47)
   第一节　书生的忍与谋 ……………………………………… (47)
   第二节　寻找更优的算法 …………………………………… (51)
   第三节　霸道不可久 ………………………………………… (54)
   第四节　身份认同决定命运 ………………………………… (58)

第五节　一颗包天的心 …………………………………………（62）

第六节　失败的励志哥 …………………………………………（64）

第七节　攻心者得天下 …………………………………………（69）

第八节　赢在大盘的棋手 ………………………………………（71）

第九节　阵前有急智 ……………………………………………（74）

第十节　待人以威，赏人以实 …………………………………（77）

第十一节　以无为治有为 ………………………………………（79）

第十二节　人生如负重远行 ……………………………………（82）

第三章　刘秀 …………………………………………………（85）

第一节　治大国若烹小鲜 ………………………………………（85）

第二节　孤儿的潜能为何巨大 …………………………………（88）

第三节　向死而生 ………………………………………………（91）

第四节　柔术治天下 ……………………………………………（97）

第五节　团队的境界 ……………………………………………（101）

第六节　权力平衡术 ……………………………………………（104）

第七节　自证预言的力量 ………………………………………（107）

第八节　时机不可错过 …………………………………………（110）

第四章　朱元璋 ………………………………………………（113）

第一节　母亲宠爱的人 …………………………………………（113）

第二节　得力的少年玩伴 ………………………………………（116）

第三节　灭门的刺激 ……………………………………………（118）

第四节　行万里路就是财富 ……………………………………（121）

第五节　禅房里的静思 …………………………………………（123）

第六节　胜在眼界 ………………………………………………（126）

第七节　胜在思维 ………………………………………………（128）

第八节　智慧从哪里来 …………………………………………（131）

第九节　治人三宝 ………………………………………………（132）

第十节　天命在我 ………………………………………………（135）

第十一节　背后的女人 …………………………………………（136）

第十二节　心理危机下的疯狂 …………………………………（139）

第十三节　心学大师（上） ………………………（141）
　　第十四节　心学大师（下） ………………………（145）
第五章　洪秀全 ……………………………………………（150）
　　第一节　渴求功名的客家青年 ……………………（150）
　　第二节　无路可走 …………………………………（152）
　　第三节　认知的魔力 ………………………………（155）
　　第四节　服众的方法 ………………………………（159）
　　第五节　艰难困苦，玉汝于成 ……………………（164）
　　第六节　自毁长城 …………………………………（169）
　　第七节　灭亡前的疯狂 ……………………………（172）
　　第八节　屡败屡战的家风 …………………………（174）
　　第九节　读书人治军 ………………………………（177）
参考文献 ……………………………………………………（181）

导　论

第一节　心理与命运

　　世人追逐成功，渴望好命，如同沙漠里的羊儿渴望青草，枯池里的鱼儿渴望水流。世人的追求丝毫都不奇怪，这是人之本性。但许许多多的人对成功的理解太狭隘，想法太扭曲、浅薄、古怪。所想的是错误的，所立的方向是错的，无论怎样努力，最终只能接受失败的命运。

　　什么是成功呢？古往今来，从常人的想法看，成功是保险箱里堆积的数量庞大的钱财，银行账户上的天文数字；成功是登上耀眼的权力宝座，挥斥方遒；成功是生前为人敬仰崇拜，名声远扬，死后载入史册，为人惦念。可是，这些只是世人看到的成功的某些外在现象，并未能涉及成功的本质。

　　如果人一心追求的是财、权、名，这就如同与诡计多端的魔鬼签订了一个协议。人生可能获得很多，但生命总伴有挥之不去的阴影，魔鬼会在最后一刻倒打一耙。这样的成功，带有很大的负能量，尽管付出很多，却可能是一个巨大的失败。

　　成功能带给人物质的享受、人群的仰慕，这并不虚假。但成功人士并非为追求这些享受而去，并非为别人的仰慕而去。他追逐的是天赋使命与自我价值的实现，这就是成功的本质。人类历史上的一切伟大人物，影响巨大的人、业界的巨擘、他们追求成功的心，多由于心灵上的刺激与开悟引起。或许一开始，他是为了向世界证明自己，后来他明白，他是为了向自己证明自己。自己越认同自己，自己越接纳自己，自己越能与宇宙的某种旋律、某种跳动相联系，他就会越来越成功，越来越有价值！

我国古代的智者说，人生的最大成功其实是"明心见性"，"尽性立命"，完成道所赋予的使命。人，本是道，人的最高追求就应该是活在道中，自由自在地展现自己，让道与自己同生，即所谓的"天人合一"。或许，本书所涉及的帝王将相、英雄人物，并没有全都达到这种境界，但是他们智慧的闪光处总是和道有某种程度的契合。人们的想法、逻辑造就了他们的一生，造就了他们的结果，圣人如此，帝王如此，平凡的人也如此。

人的生命价值无非是要自由地舒展自己，在有限中体味无限，在有限中活出无限。其他物种的生命多是被动地在自然选择下的适应，多是固着在某种需要之下，某种舒适地带中。它们的生命常常是不自觉的，是不知道自己在活着的，是被动适应的。而人对生命，对智慧有一种自觉的解放，自觉的创造。

"太虚本动，天地日新"，人的这种自觉的有意识的努力和生命创新，是动中之动，新中之新，美中之美，大中之大。但是要求普通人达到这种千百年来只有少数智者才抵达的智慧状态非常之难。达到这种认识，需要曲折的经历，痛苦的启发，需要吸收人类的文明精华，需要灵感带动下的深思和觉悟。一旦我们的心被宇宙的旋律所触动，一动而自我变，智慧变成了流动的河流，生命变成了流动的创造。世界与自己，物质与精神已经紧密地联系到一块，凝结在一处，整合到一起。他不再追求什么，已经有最大的追求，他不再刻意拥有意志，已经拥有最坚韧的意志。他苏醒在自己的本性中，热烈地营造着自己。

他有与众不同的智慧，勇敢地融入世界，把自己放在世界之中，像鱼儿在水，云儿在天，鸟儿在林一样自然。没有隔阂，没有夸张和压缩，只是勇敢地自由地选择、协作、创造。他不需要显示权力和财富，他可能已经具有了无限的权力和财富。

而那些智慧被蒙蔽的人，常常把假我当作真我，把细枝末节当作主干，把外物作为自身的本质。他们离智慧，离自己的本质越来越远，他们幻想通过控制世界、逃避世界、依赖世界等形式，以固着的方式停留在某个状态来保护自我、实现自我。这些方式是他们的人生停滞、庸俗、犯错、堕落、失败的根本原因。

通过权力、武力、奸计来威胁、迷惑人们服从自己，并认为这样做是人间铁律，就是控制病；因为恐惧某些事物，常常退隐到孤独的环境，做着自娱自乐的事情，只摆弄些浅薄的快乐，就是逃避病。放弃自我的人生权利，听命于他人或依附于某种不合理的制度，就是依赖病。在情感上麻木，对自己和世界冷血，过着机械的生活，按照不知所以然的规则、信念行事就是僵化病。这样的行为叫作"背离世界"的人生取向。

谁怀有一颗这样的心，谁就只能在人生战场上惨败，无论他的智力是多么的高深莫测，人情处世是多么的练达有方。当他有"背离世界"之心时，他就可能从巅峰上跌落，从青云里坠下。一个人走向了实现真我的方向，有了在洞察之后"融入世界"的心，他就是在向上飞翔，他的人生才会有动力，有无穷的能量，他的生活的大大小小的目标才能活起来，他的智力和知识才能像催化剂一样，使他的事业和影响力迅速膨胀。他周围的人会积极与他协作，他的行动才会有实效，并终会硕果累累。

第二节　突破三重蒙蔽

人向往智慧，希望活出最大的生命价值。但人的想法、思维却被各种难以觉察的无形之物，无意识之物所蒙蔽。

第一重蒙蔽是身体的欲望享乐和习惯。人的身体有着趋乐避苦的先天趋向。喜食佳肴美味，追求容貌俊秀，沉溺在温柔世界。以致寻欢逐乐，靡靡失我。这种欲望带来的伤害，小则败坏声誉，耽误事业，大则身死家灭国亡，给世界带来灾难。

此外，在习惯方面，人受到的约束力量非常之大，更是难以察觉。正如美国心理学家威廉·詹姆斯所说："习惯是社会的巨大的飞轮，是它最为宝贵的保守性作用力。它独自将我们所有人都保持在传统习惯的限制之内，保护富人家的儿童免受穷人嫉妒的暴动之苦；它独自使得最艰苦和最受排斥的行业，不至于为在那里成长起来的人所遗弃；它使渔夫和甲板水手整个冬天都待在海上；它让矿工待在黑暗中；它让农村人在漫长的雪天固守在自己的小木屋和那寂寞的农场；它保护我们不受沙漠和严寒地带的土著人的侵袭；它使不同的阶层不会混合起来。"

第二重蒙蔽是从众行为带来的。作为个体，常常感到势孤力单，会跟着众人苟合，认为多数人比少数人的选择更对，从而遵守愚笨的规则和协议，无法抗拒别人设计的从众的套子。在这方面，有时，人和动物没有区别。一群羊可以跟着头羊一只只跳下悬崖，一群鱼可以跟着头领一条条钻进鲨鱼的胃里。一群人也可以跟着头领选择集体自杀。当三个人说有老虎的时候，一个城里的人都信以为真。当我们每个人都自以为可以摆脱这条规律的时候，我们却穿着流行的服饰，剪着流行的发型，说着流行的词汇，表演着流行的姿势，生活在流行的生活里。

第三重蒙蔽是文化和习俗带来的。人们的语言和思维方式，是周围的俗言俗语，各种陈旧的风俗和道德塑造而成的。当满大街人都跪拜向一个泥偶的时候，被认为是礼仪和文明；有的地方认为处女是可怕的，会把新娘的初夜让给陌生人，有的却因为争夺初夜权而战斗；曾经世界上所有的人几乎都认为自己的家乡是地球的中心；吃这样的动物，不吃那样的动物，称自己为文明人，他人为异族、野蛮人；认为"孝"是伦理的核心，"礼"是普遍的法则，而不知道在异国他域可能"无父无子"；把出身归为父亲的家族，而不归为母亲的家族，姓李而不姓张，姓刘而不姓王，而一些文化里却全然没有姓氏之说。文化所造成的蒙蔽，所产生的限制和阻力，难以自知，难以摆脱。

认识清楚这三种蒙蔽，是生命成长发展的基础。除此之外，需要培养正向的、系统的、辩证的符合于道的认知方式。

第三节　正向去想

"人自毁然后人毁之，人自败然后人败之。"顽强的对手不是我们最重要的敌人，困境不是我们最重要的敌人，自己才是最重要的敌人。

具体来说，我们的想法、认识方式是陷我们于失败的"敌人"。许多人的认知有一个重大的缺陷，偏好消极归纳，偏好关注不利因素，常沉溺在闭合的推理里，不能自拔。所以，我们常常看到那些怀才不遇的聪明人郁郁寡欢，正值青春年华的少年暮气沉沉，拥有超强本领的人却选择了自尽的道路。他们不是没有潜能和优势，而是没有跳出思维的框框，没有跳出消极的归纳法和循环式的推理陷阱。

归纳法有不少优点，是人们积累经验，学习知识，在世上生存的基本技能。归纳法让我们给事物分类和命名，形成概念和规则。归纳法让我们知道一年有365天，一天有24小时；让农夫知道春耕秋收，灌溉除虫；让水手知道哪里有洋流奔涌，何时有季风袭来，何时扬帆何时回港；让科学家预测到日食，预见到彗星；让医生辨识疾病，做出诊断；让数学家得出三角形的各种公理，总结出两条不相交的直线永远平行。让司机知道哪条路上有土坑，哪个路口不易通行。这些都是归纳法带给我们的智慧。但如果说它只有优点而没有弊端，那就大错特错了。

有时，归纳法带给生命的消极影响绝不亚于它的积极影响。先来看一个跳蚤实验吧。在一个玻璃杯里放一只普通的跳蚤，它无须努力，可以很轻松地跳出来。以身长和弹跳高度相比，跳蚤可以说是动物界的跳高冠军，有些跳蚤跳的高度甚至可以达到自己身体长度的200倍以上。接下来实验者将跳蚤放进一个杯子，在上面再加上一个玻璃盖。这时，跳蚤可以看到外面的空间，当它依照往常的经验要跳出去时，却重重地撞到了玻璃盖。在头昏脑涨之余，跳蚤内心应当十分的疑惑，它试了又试，一次次地跳起，一次次地跌落。慢慢地它

"归纳"出了经验，为了不让自己痛苦，它只能把运动限制在玻璃盖的高度内。经过多次的练习，它习得了一种新的跳跃模式。几天后，将玻璃盖拿掉，跳蚤再也跳不出杯子了。

除了跳蚤，狗也有如此现象。心理学家用狗做了一项类似的实验，把狗关在笼子里，只要蜂鸣器一响，就给狗施加难以忍受的电击。狗关在笼子里逃避不了电击，只能狂跳，屁滚尿流，惊恐哀叫。多次实验后，蜂鸣器一响，狗就趴在地上，惊恐悲鸣，不再动弹。后来实验者把笼门打开，此时狗不但不逃出去，而且不等电击出现，就倒地呻吟和颤抖。它们本来可以轻松地出逃，却只是绝望地呆在原地。

心理学家把这种通过学习而获得的无能，叫作"习得性无助"。不要以为人比跳蚤和狗聪明，就可以逃脱这个规律的控制。人因为具有理性，更擅长归纳，对错误、失败就更敏感，只需要几次甚至一次打击，就可以获得"习得性无助"。在幼年的冲突中，一个孩子被狠狠地击败过一次，他这一生都可能不敢直面那个对手。一个被蛇咬过一口的人，见到井绳就恐惧。一个被狗咬过一次的人，听到柔弱的小狗的叫声都会身体战栗。更别提那些在一件事上失败多次的人，他怎么还能去积极争取呢？那些经历几场爱情失败的人，从此放弃了对异性的信任。那些小时候考试总是不及格的学生，后来也很难学习新的知识；那些经历几次创业失败的人，再也不敢从头再来。这也是大清早遇到两三件麻烦事，一天就会不开心的原因。

消极归纳，习得性无助，消极推理是几个很难摆脱的定式。它们的发生是无意识的，是难以觉察的，甚至构成思维的本性，人的本性。抑郁者之所以抑郁，失败者之所以自弃，凡人之所以平凡，都可以用此来解释。

记住，我们可以反省教训和经验，但不要定下僵化的结论，不要为要做的事，要走的路寻找失败的、不可能的理由！当你认为没有机遇的时候，就真的不会有机遇。当你绝望的时候，就只能坠入难以逃脱的绝境。忙着为缺陷、失败、无能找借口，不如静下来为可能、优势、成功找理由。我们只有常常反思思维本身，看自己是否跳进了思维的陷阱，才可能脱困。多关注可能和正向的因素，多往积极的方向去思考。每一个奔赴前方的人，他的脚下都铺陈着泥泞，而正向思维提供了泥泞中一个个坚固的立足点，我们应该踏着它们，跳跃向前。

第四节 系统去想

正向想法能让我们脱困，系统想法能助我们飞翔。

宋真宗时期，京城汴梁发生了一场大火。火借风势，殃及了皇宫，许多壮丽的楼台殿阁被烧成一片狼藉，遍地尽是废墟瓦砾。火灾后，真宗皇帝决定重新修造宫殿。大臣们莫不认为这是一项耗资巨大、旷日持久的工程而纷纷知难而退。而晋国公丁谓欣然承担了修建的任务。他对废墟勘察，发现此工程存在三大难题：第一是取土困难。工程建筑需要大量土方，若就地取材，皇宫岂不是要被挖成大坑？若从外边运输进来，那得花费多少人力、物力？第二是运输困难。修建皇宫需要大量砖石木料，这些材料远在汴河，需要大量的人力投入。第三是清墟排放困难，废墟上的那些垃圾要运送出去要大费周章。

经过对困难的深入研究，丁谓找到了一个方法。首先下令民夫挖掘宫前的街道取土，不几天，街道就成了一条宽大的深沟。然后，他又下令将汴水引入深沟，使用竹木排筏和船，运输建筑材料，一直运到宫门。皇宫修复完成后，又将废弃的砖瓦、灰土填入深沟中，街道又复现了。丁谓的方法，不仅省钱万亿，而且大大加快了工程进度。可谓"一举而三役济"。丁谓的过人之处，在于他不是分头挖土烧砖制瓦、运输建筑材料和清除废墟，而是把三者看成一个系统、一个整体，所以他找到了一个最佳的解决方法。

这种把所处理的事物看作一个多元系统，重新分析要素之间的联系，来处理要素之间的关系，并建立一个新系统的思考方法，就是系统思维。系统思维有两大步骤，（一）打破旧联系；（二）新的分析和综合。首先，要把事物放在一个新系统内做出肯定；其次，分析系统的主要构成因素是什么，要解决的问题可以构成几个类别。然后思考这些构成因素、类别之间，是否可以更好地协调相关因素，达到协同运作。

在商业、战争、日常的人际关系中，系统思维可以让人拨云见日，处理起问题来游刃有余。使用系统思维，除了可以合理配置资源，还可以利用系统中的信息不对称达到快速成长，产生滚雪球效应。

有一个故事讲到一位善于运用系统思维的父亲，轻松地帮助了他儿子的发展。

一天，他对儿子说：你已经长大了，该娶媳妇找工作了。我已经给你物色好了。

儿子说：我不要，我的事自己决定。

父亲说：她是世界首富的女儿。

儿子听了，很是激动，说：可以。

第二天，这位父亲找到了世界首富。

父亲说：首富先生，我给你找了一个女婿。

首富说：追我女儿的人很多，不需要再多一个。

父亲说：他是世界银行的副总裁。

首富说：可以。

第三天，这位父亲去找世界银行的总裁说：总裁先生，我给您找了位副总裁。

银行总裁说：我们这里人才济济，不缺副总裁。

父亲说：我为您找的这个人是世界首富的女婿。

银行总裁说：可以。

于是这位父亲的儿子顺利地做了世界首富的女婿，也当上了世界银行的副总裁。

有人说，这位父亲分明是个骗子，只要世界首富和世界银行的总裁沟通一下，父亲的想法就会立刻落空。但是，我们生活的世界，确实处在信息不透明的状态，真伪信息混在一起，聪明人都难以辨别，更别提人群中的普通人了。掌握了系统思维做"坏事"都这么厉害，做好事更是影响深远。可以说，所有伟大人物的成功，无不运用了系统思维。

第五节　辩证去想

人们在日常生活中，以及科学家在严密的科学研究中，运用的主要是形式逻辑。形式逻辑有两个主要形式：归纳法和演绎法。归纳法是一种对事物共同属性的概括。概念、命题、假设的形成大都是归纳的方法获得的，此外，它必须要借助声音符号和图像符号等。人们见了很多具体的狗，形成了狗的概念；见了很多具体的三角形，形成了三角形的概念；看见了很多生活中的人，形成了人的概念，男人、女人的概念。命题研究的是一组或几组概念之间的关系。如见了许许多多的"乌鸦"都是"黑"的，形成了"天下乌鸦一般黑"这个命题，把"乌鸦"和"黑"两个概念联系了起来。而演绎是从一般规律到特殊属性、个体属性的推理。知道了三角形内角之和等于180°，就可以研究一个任意的三角形，量出两个角，第三个角的度数就轻易可得了。

人们有了归纳和演绎的逻辑，就形成了事物之间的因果关系认识。向上抛一个物体，它就会落到地面，从而得出万有引力的存在。摩擦会生热。种瓜得瓜，种豆得豆。因为有了因果认知，人们就可以预测和控制环境了。但是这并非没有错误，因果认知要借助符号，来自经验，而一切符号、经验都是有限制的。所以说，我们的各种推理，各种因果关系认识都有可能是错误的，致使我们的决策也就会出错。

逻辑思维在研究较为客观的自然事物时，还是具有一定的效果的。不然，人们很难登上月球，也无法预测气象，无法治疗疾病。而一旦研究对象是复杂的事物，处在相互影响的复杂系统中的时候，逻辑思维就有可能不是一个很好的工具了。因此，在研究人和社会的时候，思想家们发明了辩证思维。

辩证思维是指以变化发展的视角认识事物的思维方式。在逻辑思维中，事物一般是"非此即彼""非真即假"，而在辩证思维中，事物可以在同一时间里"亦此亦彼""亦真亦假"。世间万物是互相联系，互相影响的，而辩证思维正是以世间万物之间的普遍联系为基础，进行的对世界的模拟认识。辩证思维模式要求在观察问题和分析问题时，以动态的、发展的、相对的眼光来看待。

有一本书，影响了中国数千年来的文化，构成中华文化的精髓，那就是《易经》。想到《易经》，我们大脑里应当立刻出现一张太极八卦图。这张图很好地说明了什么是辩证思维。"易"就是变化的意思，变化是"道"的本质特点。道是什么？一阴一阳之谓道。阴阳图里的黑白两条鱼形图，黑中有白，白中有黑，互相包含，互相推动。而外边的八个卦，每一个卦有三条线，每一条线都称为"爻"，用连续的线段代表阳，不连续的线段代表阴。阴阳互相影响，就形成了八种形态。如果把八个卦，进行排列组合，就会出现六十四种形态，这就更能说明事物发展变化的规律了。有了《易经》中的辩证思维，那么我们对自己、世界的认识就更符合实际，更深刻了。在做事的时候，就不会僵化，不容易犯错。

《淮南子》中有个故事——塞翁失马，很好地说明了这个道理。

靠近长城一带，有一个精通术数的老人。一天，他的马无缘无故跑到胡人那边去了。人们都来安慰他，这位老人却说："这怎么就不会是福气呢？"经过几个月，他的马带领一群胡人的骏马回来了。人们都去祝贺他，这位老人说："这怎么就不会是祸害呢？"因为家里有很多好马，他儿子更喜欢骑马了，有一天，却从马上摔下来，摔断了大腿。人们都来安慰他，这位老人说："这怎么就不会是福气呢？"经过一年，胡人大举侵略，进攻边塞，壮年男子都拿起弓箭去打仗。附近的人绝大多数都战死沙场。唯独他的儿子，因为腿瘸的缘故，没有被征去战场，得以保全了性命。

可见，塞翁精通的术数，就是辩证思维。"福兮祸之所伏，祸兮福之所倚"，"水满则溢，月满则亏"。用辩证思维的方法去看待世界，就不会有那么多痛苦。用辩证思维的方法解决问题，去与人交往，就可以做到多成功，少失败。

  认识了认识本身，知晓了思维方法的优缺点，一个人才可能更好地"融入世界"，少走错路和弯路。为了摆脱心灵的困境，耶稣在旷野里沉思了40天，穆罕默德在山洞里静修了数年，释迦牟尼在菩提树下长年累月地打坐。且不说宗教领袖们，本书里所涉及的俗世里的英雄也是因为超越了相关障碍，获得了某些特殊的思维和品质，才使他们比平常的人走得更远、更高、更美。

  由于年代久远，风俗语言发生了变化，理解历史人物，探索他们成功与失败的规律，是一种困难的事情。但是，数千年来，人类生存的主题并没有发生根本的变化，生命任务依然是服务于个体和种群的生存和发展。历史人物所遭遇的困境，所感受的喜怒哀乐和我们没有根本分别，社会上常人的思维方式也没有根本的改变。这是我们能理解历史人物的依据，也是他们的教训和智慧能运用到我们身上的依据。

第一章

嬴 政

第一节 借力者生

公元前260年，乱世之年。

太行山之麓，黄河北岸，赵国的长平荒野，赵军与秦军大战了数月。战争的结果是，赵军彻底被歼灭，几十万士兵抛尸沙场。离长平不远的赵国都城邯郸，几十万人口的大都市，沉浸在悲痛和恐慌中。悲痛的是年轻的亲人的死亡，恐慌的是如狼似虎的秦军很快就会卷土攻城，他们要用血与火把邯郸焚烧一遍，赵国亡在旦夕。在邯郸城里，有两个外国人，生活在末世来临的焦灼中。

一个是年轻未婚的秦国公子嬴异人，他是几年前被秦国王族送来，作为保障秦赵和平的人质。现在秦赵开战了，他的生命也就危险了。根据形势，赵国随时会"撕票"。所以，他很焦虑、悲伤。

另一个痛苦的人是卫国商人吕不韦，他在邯郸做着大生意，拥有众多的商铺、房产。如果没有战争，他的生活可谓富比王室，简直是生活在天堂中。但是，一旦秦国军队攻入邯郸的话，那他就要家财尽失，甚至要丧命异乡。据他推算，秦国肯定会战胜赵国，会攻下这座大城。所以，他要为未来寻找出路，要想尽一切办法来保全身家性命。

如果有神仙停在邯郸的天空，观察这乱世中的王子和商人，也会为他们的命运悲叹。他们就要成为刀下之鬼，就要魂归黄泉。

可是历史告诉我们的是，看似人生的绝境，看似无可避免的悲剧，而实际上蕴藏着无量的生机、无限的可能。那些在绝境中找到方法，向世界发起挑战的人，最后大都成了人生的主人。而大多数被动等待的人，等来的也只能是平凡或失败。

困于邯郸的吕不韦，东走西窜想办法，偶然的机会发现了异人的存在。他的眼光是锐利的，一眼就看出了落魄的异人身上潜在的无限的价值。这不光可以解决他现在的困境，还能为他的未来创造一个更大的出路。他回到家里，心情非常激动，与老父亲交流了几个问题。

"种田能获利几倍？"

"十倍左右吧。"

"经商能获利几倍？"

"百倍左右。"

"如果去从政，拥立国君呢？"

"那获利就太多了，无法估量。"

父亲的回答，更使他对自己的判断自信起来了，他决心拥护异人成为国君。异人，将是他一辈子所能找到的潜在价值最大的宝贝。他要利用这个宝贝，抓住难得的机遇，从邯郸脱困，此外，还要谋取更大的荣华富贵，实现命运的大翻身。

拥立异人成为国君可不是一件容易的事情。异人虽然是太子安国君的儿子，但是他的母亲却没有得到宠爱，他也没有被父亲所喜欢。他外输敌国做了人质就是最好的证明。所以，在大家眼里，他只不过是个破落的公子哥儿而已。当他作为人质，来到异乡，远离皇权中心，他的价值就更低了。与那些沐浴在王恩下的兄弟相比，他与权力已经越来越无缘了。

一般人可能只是在异人身上看到悲剧。而吕不韦看到的却是各种可能性，异人的可能性，自己的可能性，世界的可能性。尽管，这个可能性会很低。可是，总要试一试吧。吕不韦深信自己的眼光和判断，深信自己的直觉和才华。所以，他把异人的事情当作了自己的事情，认真地对待他，出钱出力，极力交好，加深彼此关系。而吕不韦的出现，对于异人来说真是雪中送炭，自然也十分配合。一来二去，两人就成了莫逆之交，推心置腹，深室聊心，开始畅想各自的未来。

当然，主要是吕不韦引导异人畅想未来。

经过好友吕不韦的点拨，异人发现自己竟然有做秦王的资本。他不由大为感动，遂向吕不韦发誓，如果能让他回到秦国，继承了帝王大位，他将与吕不韦对半分割江山，共享富贵。吕不韦得到这个诺言后，更是倾其财力相助，他想方设法在秦国安插情报间谍，搜罗秦国高层的内幕信息。

信息是商业成功的秘诀，同样是政治成功的秘诀，信息来了，机遇就来了，成功就来了。吕不韦自然懂得这些道理。经过多方布置打探，他找到了解决困难的切入点。什么切入点呢？一个女人。安国君宠爱着一个美丽的妃子——华阳夫人，可是华阳夫人却一直没有生育，没有后代。

这条信息怎样让异人脱困呢？常人可能得不到太多启发。而吕不韦却看到了玄机。他以金钱铺路，贿赂了华阳夫人的姐姐，从而面见了华阳夫人。他自然先是褒奖了异人的聪明和仁爱，尤其是对她的尊敬和孝心。然后讲故事一样对她说："尊贵的夫人啊，您一定知道这个道理，用美色来侍奉别人的，一旦色衰，宠爱也就减少。现在夫人您侍奉太子，甚被宠爱，却膝下无子，他日一旦年老，就是想和太子说上一句话还有可能吗？那时您该依靠谁呢？现在异人贤能，他的生母又不受宠爱，夫人若能在此时推荐他为继承人，那么您一生都会在秦国受到尊崇。"

这一番言语触动了华阳夫人的内心。王室中失宠的美人比比皆是。而聪明人要为自己的长远未来打算。如果华阳夫人收了异人做了干儿子，把他推为继承人，不就是救他一命吗？而太子的其他儿子，都有各自家人帮忙，就是她帮助了他们，无非是锦上添花的事，并不能给别人带来多大的恩情，而帮助异人就不同了。救人于困，胜于平日赠金万两。即使不成功，也不是白忙一场，不是还有吕不韦送来的那些价格不菲的金银珠宝嘛。

在答应吕不韦之前，为了吃个定心丸，华阳夫人决定先见一下异人，看看他是否真如吕不韦所说，是不是真有些什么潜力，是不是个能让她放心的人。这下又够吕不韦忙的了。他冒着被杀头的风险，溜回赵国。费了不少周折，使尽平生人情，花了无数钱财，贿赂了大大小小的监管人，得以让异人逃回了秦国。

异人回到秦宫，收拾打扮了一番，特意穿了一套楚服，小心翼翼地去面见华阳夫人。华阳夫人本是楚国人，一看异人的打扮，听着他温顺的言语，激动得流泪。于是就认了异人做干儿子，并为他改名子楚。就这样，为了干儿子更为了自己，华阳夫人决定要帮子楚的忙了。她一有机会就狂吹枕头风，劝服安国君。安国君沉浸声色享受，谁当未来的太子，可能他并没有当回事儿。于是，很快敲定了异人为继承人。就这样，吕不韦玩魔术一样让囚犯异人翻了身，获得了秦国王位的继承权，实现了当初的谋划。

能做成这样的事，可见吕不韦不是一般的大商人，而是个天下第一等的能人。他有三大素质，是常人所不具备的。第一大素质是有上进的动力。有人说推动他的动机是盈利，是财富。但也可能是吕不韦对人生有不同的认识。他明显是在挑战人生的极限，超越一次又一次生命的局限，突破一次又一次的不可能。他在证明给自己，活着即无限！

他的第二大素质是有一双能看到未来的火眼金睛，不仅仅是辨识事物的真假，而是有创造未来的视界。这说明他的经商经验和人生阅历是何等丰富，推理与想象能力又是何等了得。

第三大素质是组织能力强。他能够组合资源，陆续找到合作人，实现共赢。他发现异人，贿赂监管人，拜见华阳夫人，都是因为他发现了他们的需要。他不是在求助谁，他是在帮别人，所以，别人也甘愿冒险与他合作。

一般人能有吕不韦三项素质中的一项，就可以生活无忧了。所以，说他是天下第一等的大能人毫不为过。可是在司马迁的笔下，他不仅是这样一个大能人，他简直是鬼神的化身。《史记》中写道，他之所以竭尽全力帮助异人，实际上还有其他意图。他招中藏招，险中求险，大玩了异人和秦国一回。当初在赵国的时候，吕不韦有个漂亮的小妾，名叫赵姬，他对之是宠爱非常，那感情可是不一般。可是为了拢住异人的心，为了一个更深沉的秘密，他决心与爱妾演一场改变乾坤的大戏。在一场妩媚的歌舞表演中，赵姬与异人一见钟情。异人要娶赵姬为妻，吕不韦欣然割爱。可是，异人不知道，这个女人的肚子里种下了吕不韦的种。数月后，赵姬为异人生育了一个男孩，取名为赵政。吕不韦利用赵姬，不但控制了异人，还夺下秦国未来的江山社稷，这种"借巢下卵"夺人之国的谋略，在历史上也空前绝后吧。

如果这件事为真，这真是一场惊天动地的大阴谋。他吕不韦的智慧可真是瞒天过海了。可是，有人说那不过是六国后裔在污蔑秦始皇罢了，只是一种失败者恶毒的八卦。无论怎样，商人谋国成功的故事，千古流传。

一个人，以自己的需要为中心做事，通过诱惑、哀求、威胁、控制等手段，让别人为自己做事，很难成功。如果能观察大局，找到适合的合作者，把自己的需要与他人的需要组合到一块，将需要联盟，在满足他人的基础上，同时满足自己，即所谓"利人利己"。这样，不用去祈求，去强迫，去争吵，人们会乐意为其效劳。

齐人有言，"有智不如借势"，况他既有智又借势呢！命运的改变，遵循了这个定律，事半功倍，走向成功。违反了这个定律，则事倍功半，走向失败。

第二节　被囚禁的童心

不管是阴谋还是阳谋，不管是谁的后代，每一个人，他的人生，属于自己。嬴政在秦赵熊熊战火中出生了，在战火中开始了他的童年生活。或许，越是在痛苦中沉浸过的灵魂，拥有的心理能量就越高，上天让他飞翔得也越高远。有一种心理理论可以很好说明他的心理。

20世纪初，在南欧奥地利，一个犹太人开创了一个心理门派，我们称其为"精神分析"。该派的大师们认为童年经历影响着人的一生。人们在小的时候就形成了一套影响一生的固定的观念与行为模式，这些模式可以称为"基本心理模式"。个体对他人是信任、仁爱，还是怀疑、冷酷；对他人是严酷控制还是平等相待，是走向世界，还是逃避生活，受着"基本心理模式"的影响。那么，我们借助"精神分析"这个理论透镜，来看一下嬴政的童年和他的基本心理模式。

嬴政出生在公元前259年，那时，长平之战刚过去大半年，秦赵之间的冲突已然达到白热化。在这个大争大仇、你活我死的时代，嬴政的家，如狂风中高树上的鸟巢，面临着灭顶之灾。他的父亲在吕不韦的帮助下成功逃走了。而嬴政和他的母亲作为逃犯的家人，却被他们抛弃在了敌国。可想而知，赵人会怎样对待他们。但是，寡母幼儿，杀掉他们也无非是减少了两个乱世痛苦的生命。赵国人决心继续监禁他们，作为未来和秦国谈判交易的筹码。

史书上说，嬴政的母亲赵姬的家庭背景还算好，是赵国的豪族。这样的话，年幼的嬴政在物质生活上应该不会有什么匮乏，而精神生活，应当是十分糟糕了。

首先，他父亲的逃跑只能使监管更严厉。其次，长平之败使许多赵国人仇视秦国，总有人在寻找一切机会除掉这对母子。敌人盯着，家里人盯着，生活难有自由。正常人家的孩子，可以每天到街上溜达玩耍，可以爬到野外的高树上迎风欢歌，可以在小河里扎猛子，撒欢洗澡。而这些，对于嬴政来说，都是不能实现的梦想。

对于天性好玩的孩子，囚犯生活是一种地狱灾难。父亲离开后，母子形影相吊。嬴政缺少父爱的关照，母亲每日苦心等待消息，盼望着秦国人把他们接走，接到他们自己的家。他们每日期望，每日失望，日子恍恍惚惚过去了，一日如同一年，而他们等了漫长的八年。

八年里，他感受的是空间的限制，是敌人的冷酷，是人世的冷漠。对安全、自由的强烈的渴望，恐怕深深地在他心底扎根了。可是怎样才能得到这些呢，只有抓住生存的权力，利用一切，控制世界。依照精神分析理论，人们费其一生所追求的东西，就是他们在童年生活中严重缺乏的东西。缺乏金钱的人，他把财富作为人生的目标；缺乏尊严的人，他把尊严作为人生的目标；而嬴政缺乏的是人身的安全，空间的自由，他把征服天下作为人生的目标。这可能就是嬴政的基本心理模式。

无拘无束的逍遥世界，纵横驰骋的自在欢乐，可能多次出现在他的梦中。可是这个梦想的周围却布满敌人的眼睛和他们的利剑。所以，他要的是冲出去，到达他任何想去的地方！这后来成为嬴政一生的迷恋。世上没有哪个皇帝像他那样喜欢巡游天下。

成功后的他曾多次和皇宫武士一起化装成商人、农夫，到民间游玩，到野外探险。有一次，他们夜半路遇强盗，发生了冲突，险些丢了性命。天下一统后，更是喜欢上了出游，当然，是带着他的浩浩荡荡的大军。而这支大军也没有给他足够的安全感。他出行的时候，防范是严密的。狡兔三窟，秦帝四车，在张良刺杀他的时候，就是那些伪装车辆救了他的命。

此外，他对世界的恐惧，对安全的需要，使他建立起世上最严厉的法律制度，最强大的军队，最长最坚固的墙，最深最大的地下洞穴。对自由的渴望，使他征服六国；六国臣服之后，号令几十万大军南上北下，开始了对蛮夷的征战。

这个被囚禁的儿童，在他的心里，埋下了对世界最大的恐惧，最大的渴望。这些驱力凝结成了一颗怪异的种子，它生根、发芽、抽枝，要把枝藤伸向无边的世界。

第三节　家族的使命

嬴政人生的奋斗动力和家族密切相连。

中国人的家族观念是深刻的，特别是在古代，每个人都是生活在家族中的人，每个孩子都是光耀门楣、传宗接代的一环，家族和个人互为面目而存在。"修身，齐家，治国，平天下"不仅仅是儒士的信念，也是几乎所有人的信念。如果研究当时人们的心理，却忽视他背后的家族，是不可想象的。

在嬴政出生时，"嬴氏家族"已经显赫数百年了。这个家族与其他列国的大家族相比并不逊色。东周时代，中华版图的最东面是齐国，居住着悠久的齐世家，这个家族由西周的姜尚建立，中期被田氏篡夺，姜氏家族中道崩殂，田氏家族突然崛起。版图的中间是赵、魏、韩、燕诸国，这些统治诸王国的家族可算是后起之秀，历史只有一百多年。在列国中，能与秦国相比的只有版图之南的楚国芈氏，芈氏家族在春秋时代威震天下，但是进入战国时代后，基本在走下坡路。所以，只有嬴氏，这个有着500年历史的老牌家族堪称战国第一族。它生机勃勃，光华耀眼。但是嬴氏家族的发展史却是充满了心酸之泪，冰与火之歌。

嬴氏家族发迹在西周时期。那时，武王姬发所创立的周王朝已经发展了二百多年，政权在周穆王之后逐渐衰弱。活跃在周朝西北部的犬戎部落时常对之骚扰侵袭，曾几次大规模洗劫都城镐京。为了保护皇族，延续帝国祚命，周平王只能避敌东迁。在勤王东迁的过程中，还要和追击的犬戎军队战斗，有个养马的官员就立了大功，被封为秦公，安排留在周朝旧址。这个"弼马温"就是嬴姓的先祖秦公。西周政权撤离后，抛下了大片肥沃的土地，成为嬴氏家族崛起的基地。

周朝迁都洛邑后，各地诸侯在勤王的战斗中成长起来了，王室的力量削弱了，对四围的诸侯国逐渐失去了控制能力。诸侯之间矛盾不断，互相争雄，霸王频出，挟天子以令诸侯的情况不断上演，天下进入了分崩离析的状态。秦公的子孙们抓住机遇，积极拓展生存空间。在西面和北面，他们吞并了犬戎的一些部落，辟地千里；在东面，为了防备外患，修筑了战略防线。后来的考古学家研究发现，嬴氏家族很早就有称霸天下的雄心，他们的第五代君王秦景公死后，是偷着以"黄肠题凑"的天子规格下葬的。

春秋时代以来，诸侯争战，产生了晋楚两个强国。秦国早期的威胁即是东面一河之隔的晋国，秦国在与晋国的较量中经常处于下风。秦穆公时代，国力稍振，为了削弱敌国，建立国际影响力，穆公派大军出击千里之外的郑国，返回的军队在崤山遭到晋军的伏击，三军遭到全歼。五霸之一的穆公只能后悔不迭，痛咽苦果。穆公之后，秦国国力开始衰弱，国贫民困，艰难自保。东边、南边的领土相继被晋楚两国侵蚀。在生存艰难的时候，嬴氏家族只能靠吃老本，靠输出漂亮女人和肥沃的良田苟延残喘，忍辱偷生。

公元前403年，三家分晋，春秋时代结束，战国时代到来，晋国从历史舞台消失了，而从晋国分出的魏国又开始图谋称霸。魏国是秦国发展史中出现的最凶残的对手。一代英主魏文侯的大将吴起曾率军攻占秦国大片国土，占领几十座城池，战争一直打到秦国都城之下。秦国的灭亡可谓指日可待，如不是魏国内乱，嬴氏家族或许已经在吴起的刀剑下被斩草除根了。

魏文侯、吴起之后，魏国还多次打到秦国都城之下。在国破家亡的危急之秋，嬴氏家族终于"小宇宙"爆发，逼出了一代雄主秦孝公嬴渠梁。嬴渠梁卧薪尝胆，忍辱负重，决心改革濒死的秦国，目标指向富国强兵，指向灭魏。他放下身段，委屈自我，求才若渴，一批"国际"人才陆续来到了他身边。其中一人叫卫鞅，法家的代表人物，一位影响中国历史最大的政治改革家。卫鞅协助孝公，在秦国展开了十多年的变法革新，史称"商鞅变法"。

变法的主要宗旨是中央集权，垦荒富国，军爵强兵。一系列凌厉的手段后，废除了约束秦国的陈旧风俗，铲除了一切阻碍变法的保守势力。秦国的荒地得到了开发，民力得到解放，人口增加了，在举世无双的奖励政策下，战斗力急剧地提升。国富兵强之后，商鞅亲自率军，收复了被魏国侵占的大片土地。从那之后，秦国在列国中开始抛头露面，以一副全新姿态登上了历史的舞台，嬴氏家族开始成为战国时代的显族。

战国，是一个权贵集团控制的农业社会，刺激人们行动的动力是土地。谁掌握了土地，谁就掌握了财富和人口，嬴氏家族的首领们更是当仁不让。这种对土地的渴求从国君死后的谥号里可以看出来。谥号是对国君盖棺定论式的评价。嬴政的高祖谥号"昭襄王"，父亲谥号"庄襄王"，这个"襄"字就是"辟地"的意思。在秦国文化中，能不能争到土地关系到一个国君生前死后的尊严。于是乎，"打仗、夺地"就成了秦国国君们的人生价值所在。

不只是秦国，战国其他国家同样如此，所以，还有齐襄王、楚襄王、魏襄王、赵襄王、宋襄公之类的称号。为了争夺土地，列国之间互相厮杀，但是混战之中，列国却一致排斥秦国。后世的合纵连横的焦点就在秦国。为何秦国就这么不招人喜欢，还被后世冠以"虎狼之国"的称号呢？中华古代文化因素使然。

自古黄河中下游的中原地域是人们认为的天下中心，"逐鹿中原"即所谓争夺天下。这里的人们生活在秦国东部广阔的平原上，彼此间交流方便，语言、风俗、心理上同一性认同较多。况且他们还都同属于周王朝中心下的诸侯国。而秦国处在中原之外，在东方列国的眼中，那就是戎夷！对于戎夷，他们的想法无非是吞并消灭，如果一国没有能力吞并，可以合伙去瓜分。这便是东方各国攻击秦国的文化动力。

不把秦人当作同一文化圈的列国，给秦国人造成了巨大的心理压力。除了中华文化圈边缘的楚国，秦国是难以在中原腹地找到一个盟友的。可以说，在嬴氏家族成员的内心，秦国与列国是一种水火不容的状态。最后的结局不是列国消灭秦国，就是秦国消灭列国。可是，区区秦国又如何能消灭文化发达的列国呢？所以，嬴氏家族的首领从孝公起，就试图解答一个难题：如何消灭六国？

商鞅变法成功，给这个问题的解决带来了曙光。变法之后，耕、战成了秦国人的传统，成了每个秦人的生活习惯。开荒种地，每开出一片田地就可以官升一级；打仗杀人，每获得一个人头就能爵进一级。人们的尊严富贵都和开辟土地、血战沙场挂上了关系。这样的国家，如何又能不国富兵强呢？孝公之后，他的儿子秦惠文王继续贯彻以"法"治国精神，大力向东部的魏国侵略，迫使魏国国都从山西南部的安邑搬迁到河南东部的大梁。同时，惠文王又向秦国南疆开战，取得了广阔富饶的巴蜀之地。在事业顶峰之时，惠文王挟制周天子封自己为王。秦国的君主从那时起，就不再是"公"而是"王"了。嬴氏家族发展的势头在列国中如日中天。

惠文王死后，他的儿子秦武王武力开辟了通往东周都城洛阳的道路。兴奋之余，他跑到王室权力的中心，陈列着九鼎的宫殿，"试举鼎之轻重"。他的这种行为，把那位"问鼎之轻重"的楚庄王的威风比下去了。秦武王真的举起了九鼎之一。可惜，千斤之鼎，造成他腿断命陨。一代大力士秦武王22岁就这样暴死了，他的弟弟秦昭襄王即位。昭襄王是嬴氏家族中除秦始皇之外，影响秦国最大的人物。一是他活得长久，二是他是位战神级人物。54年征战中，他远交近攻，一生征战不断。他的存在就像一把嗜血的战刀，不时割着邻国的肉。他把韩、赵、魏三国的国力搞到油枯灯灭的程度，同时，长寿的他也熬死了东方列国的不少君主。嬴政统一六国的基础，主要是这位先祖铺垫的。

秦昭襄王死后，儿子安国君即位。安国君福分太浅，只当了三天的国君。历史真是充满了不确定性、偶然性。如果安国君早死三天，那秦国国君的位置还不一定能让嬴异人坐成。那吕不韦的努力也就白费了，秦始皇的出现更是空穴来风。历史的发展从后世往前看，仿佛有一条直线一样的规律，其实满是变数，没有什么规律可循，没有什么预言可证。由于安国君做国君的三天全是在守丧中度过的，因此死后被谥号为孝文王。孝文王之后，就是嬴异人了。在常人看来，嬴异人这一生，是悲惨窝囊的一生，早年活在家族的抛弃里，后来又活在吕不韦与赵姬的戏弄里。可是，如果异人没有远大的理想，没有临机应变之能，就是有吕不韦的帮助，他又怎么能登上王位呢？从个人利益上讲，吕不韦利用异人得到了秦国相位，而异人却利用吕不韦从囚徒变成了帝王。孰得孰失，孰大孰小呢？异人尽管只当了三年国君就死在温柔乡里，但是他在三年国君生活中，也是战功显赫。他的军队曾大胜赵、魏两国，为秦国辟地千里。所以，异人死后，谥号为庄襄王，他开疆辟地的功劳，名副其实。

异人一死，年仅13岁的嬴政按照家族传统制度，以嫡长子身份继位，做了秦国的国君。他同时也继承了这个战国第一家族的使命，继承了国家发展的使命。他将要在一次又一次的大战中，实现童年的理想，完成家族的天命。

第四节　矛盾的母子

帝王之家，权力斗争激烈，弑父杀兄，害夫毒子的事情并不鲜见，普通家庭的那种温情和真诚是缺乏的。每个身居帝王宝座的人一生既深受权力之利又深受权力毒害之痛。他们的性格必然多面，复杂。嬴政自然不能例外，从邯郸出生到沙丘暴死，都浸染在权斗之中，阴谋之中，冲突之中。

他的幼年，父亲离他而去，撇下他们母子独守邯郸，过着人质生活。他能依赖的唯有母亲一人。在朝夕相伴中，嬴政和他的母亲应该建立了很深的感情。9岁时，他回到秦国，被封为太子。可是，父亲还没有等他长大，就去世了。他一个羸弱少年，要继承皇家事业，坐稳江山，他又得依靠母亲。可以说，赵姬是他情感上最为亲密的人，是他成长中最不能缺少的人，是政治发展中最得力的人。所以，他欠母亲很多，这可能是他以后纵容、宽容母亲的一大原因。

异人死后，赵姬和吕不韦共同把持朝政。他们二人身份绝非一般，赵姬是他的母亲，王太后；吕不韦是相国，他的仲父。嬴政成了一个傀儡帝王。

三十芳龄的王太后和相国曾经是一对情人，现在权力空前，又续起了前缘。难道是两人心中的真情复燃吗？更真实的可能是寂寞和权力之心共同在作怪。他们的结合，对于王太后是排遣后宫的寂寞，对于吕不韦是操纵倾天的权力。

可是，随着嬴政的成长，他一天天明白这一切，明白他们的权与欲，利与害。聪明绝顶的吕不韦自然懂得这样做的危险。为了消除嬴政的疑心，同时保持对帝国权力的控制，他费尽心机，想了一个方法，找了一个男人来顶替他。这人名叫嫪毐，曾经是吕不韦的心腹，后来是吕不韦的对手。嫪毐冒充太监，被献给了赵姬。

赵姬当然是满意，金屋藏奸，一派花天酒地。没过几年，她竟然为嫪毐生下了两个儿子。得了新人，忘了旧人，吕不韦被她抛置在脑后，嫪毐也背叛了原主人，开始建立自己的势力，一时权倾朝野。

此时的嬴政对赵姬是盲目的信任，是纵容。嫪毐被封为长信侯。晋身贵族圈，过着美梦一样的生活。权力的膨胀，让嫪毐不知所以然了。他竟然在私下自称秦王的假父，并且怀有很大的野心，用心培养儿子，企图在嬴政暴亡后让他们继承政权。当嬴政得知这一切时，大受刺激，恐惧与厌恶冲到脑门。愤怒中，他要狠下杀手，斩草除根，消灭这个不知天高地厚的"假父"。

但是，嫪毐的势力通过多年培养，已经非常之大。嬴政周密部署，先发制人，派军队打败了嫪毐的数千私人队伍。嫪毐逃跑，后被全国悬赏通缉，通缉令上写道，活捉嫪毐赏钱100万，杀掉嫪毐赏钱50万。重赏之下，嫪毐被活捉了。嬴政对他毫不留情，搬出远古酷刑，将他五马分尸。杀了他还不够解恨，他的20多名亲信，受连坐之灾，被砍头，灭三族。4000家与他有关的家庭被发配到边疆服役，那些罪轻的罚做苦役的人更多。嫪毐的两个私生子，被官兵捉住，活活摔死在宫殿的石板上。

嬴政对染指权力的人六亲不认。同时，他要借这件事，把一切阻碍他专制的势力统统打掉。他要赶走吕不韦。不过，他对待吕不韦还是留了较多情面。他对吕不韦下了一道诏书：你对于秦国有什么功劳？得封国河南，食邑十万户？你与秦国有何亲缘关系，成为我的仲父？你现在全家迁居到蜀地去，勿要逗留！

吕不韦看到嬴政的指责，想想昨天的传奇，看看今日的困局，不由长叹数声，他怎么就让命运发展到这个结局呢？他主导编写的《吕氏春秋》里面充满了多少睿智的语段，包含了多少深刻的哲理，可是他怎么依然会被逼到如此绝境？迁移到边疆不过是对他的侮辱，他觉着只有一死才是勇者的行径。他饮鸩自尽，永去人间，留给了后人几许疑问和苍凉。这个商人，智慧可以玩弄天下于股掌，最后却如此谢幕。

两个"父亲"都被清理掉了，就轮到了罪魁祸首母亲。面对生养自己的女人，怎么处置呢？他是矛盾的。赵姬起初被逐出咸阳，软禁在一座宫殿中。嬴政并下令说："给王太后求情的人，格杀勿论，死了还要在他的背脊上刺青。"但是，臣属为了国家的面子，也看到了君主的矛盾心理，纷纷替太后求情。求情的人，被接连杀掉27人，可是杀了又谏，谏了又杀，谏臣们前仆后继。因为在这些人的内心，认定嬴政会宽恕他的母亲。但是，他们估计的时机错了，嬴政对母亲的愤怒转嫁到了求情的人身上。或许，这一切他都是做给母亲看的，他认为这就是对她的惩罚。

愤怒过去后，一切又回到了理性的路上。当一个叫茅焦的大臣对嬴政说："我是为太后的事来进谏的。"嬴政回答道："你没有看见宫殿下堆积的死人吗？"茅焦说："陛下车裂嫪毐，有嫉妒之心；摔死两个弟弟，有不慈之名；迁母咸阳，有不孝之行；杀害敢于进谏的人，有桀纣之治。天下闻之，人心尽瓦解，再没有人心向秦国。"茅焦说得很对，嫪毐这件事，他过于愤怒，自毁长城，砸了自己的名声。茅焦的话刺醒了他。天下还未统一，人生理想还没有实现，他怎能像个孩子一样为了惩罚母亲而肆虐如此呢？于是，他亲自迎接母亲回了咸阳，让她仍然居住在原来的宫殿中，对待她像感情好的时候一样。

不久，大将王翦率领秦军俘获了赵王，攻下了邯郸，赵国从历史上消失了。这时的嬴政亲自去了童年时居住的邯郸，大力寻找那些迫害他们母子的仇家，把他们全部抓起来，统统活埋。他就这样为母亲报了家仇。想必他的母亲听到后也快心称意。几番人生波折，生命的各种滋味也尽得体验，闲居在后宫的赵姬，内心感到的更多是沧桑梦幻吧。打败赵国不久，她被接回到咸阳，忽然就去世了。

第五节　以乾道修己

有野史传说记载成年后的嬴政身材矮小，只有150厘米左右。秦王真的是个矮子吗？在司马迁的《史记》中，我们可以看到一些端倪。在"荆轲刺秦王"的那个情节里，荆轲拿着匕首追，秦王背着长剑跑。他为何背着长剑而不拔出剑呢？是剑太长了吗，还是他太矮了？

常人大都认为身高、外貌会决定人的命运。嬴政的命运是身高、外貌决定的吗？打开网上图片搜索引擎，轻轻一点，嬴政的彩照就赫然在眼前了。在这些画像上，他峨冠博带，身形魁梧，面目阔达，横眉长目，几缕美须飘飘似仙人。但史书告诉我们的是，嬴政真实的模样可能与之差异甚大。从《尉缭子》中或许可以看出嬴政的长相。

尉缭，就是兵书《尉缭子》的作者。他在魏国待遇不好，听说秦君求贤若渴，便隐姓埋名偷渡到秦。嬴政见到他后，当即拜读了他的大作。发现此人真是当世英杰，决心重用。可是尉缭子见了嬴政后却打退堂鼓了。他不愿意应聘了，原因是什么呢？尉缭对他人说道："秦王这个人，高鼻梁，大眼睛，老鹰的胸脯，豺狼的声音……我不想被他用。"

高鼻梁，大眼睛，说明嬴政长得还不错嘛。或许是他的母亲，那位绝世美女遗传的结果。但是老鹰的胸脯，豺狼的声音，这是否说明了他身体的畸形？还是指他为人居高临下，挺胸腆肚呢？从嬴政与人交际的热忱来看，他好像不是一个以姿态吓人的主。那这可能说明嬴政确实有一点儿残疾。或许小时候，不常见阳光，得了什么佝偻病也有可能。

在嬴政的一次出行中，他的这副"尊容"被项羽瞧见了。这位楚国名将的后代，高大魁梧，能单刃格斗几十人。一看到嬴政，就开始自信满满起来了，"这家伙没啥了不起，我可以取代他！"（彼可取而代之！）

奥地利心理学大师阿尔弗雷德·阿德勒曾说："身体器官的缺陷对儿童的影响是极大的，儿童如果在某一个方面有着重大缺陷，会努力在某些方面刻苦训练以达到对缺陷的补偿。"大师说："眼盲的人，听力会特别地敏锐；耳聋的人，视觉也强于常人。"因此，身体孱弱的嬴政在人生格斗中既然外表不如人，那他只有锻炼心智获胜。在统一六国的大大小小的数百场战役中，终结战国历史的嬴政从未纵马挥戈，好像也没有指挥过一场短兵相接的战斗。但是他活跃在惨烈战争的背后，他是真正的主使者和幕后英雄。他端坐在后方的司令部，运筹帷幄，算计、决策、指挥、调配，在"远交近攻"战略下，轮番使用离间计、美人计、水淹计、困守计等。秦国在这些大谋大计下一次次走向胜利，六国敌手纷纷瓦解崩塌。与后世那些骑马弯弓，染血战场的开国皇帝们相比，他可谓是一个怪才，一个奇迹，他"足不出户"而征服天下。

是的，人世的竞争，并不依靠身体长什么样，而是依靠"大脑"

长什么样。所以，娇弱的人类，可以斗败利爪尖牙，力大无穷的猛虎蛟龙。

那怎样让大脑长得好呢？一要看命运的眷顾，二要看自己的努力。很多人之所以平平庸庸度过一生，有些方面确实是命运眷顾不够，环境对大脑塑造不力。比如身边缺少热忱的父母和朋友，没有智慧的人劝说引导。一个人，特别是在年轻的时候，如果仅仅是靠着自己积累经验，独自判断抉择，依靠欲望性情做事，那他总是要吃很多亏，要走很多的弯路，甚至会误了人生。摸着石头过河的人，通常的结果只能是淹死在洪水或深坑中。所以，世上成功的人士，通常是有一些人照顾在旁，有一些人引路在前。

但是，如果一个人，明白了一些道理，认清了人生的方向后，他自己的路，几乎就靠他自己了。读书，是改变大脑，让人生成功的不二选择。可是，一定得去读传世的大作、启发人智慧的书，而不是那些引人娱乐、堕落的书。

嬴政的大脑之所以长得好，一是因为他命好，有好老师、好家长。8岁的时候，刚好是上小学的年龄，他回到了秦国。我们知道，他的仲父吕不韦是个极重视学问的人，他收揽三千门客，编写出举世闻名的《吕氏春秋》一书。该书包含了丰富的修己治国的思想，影响中国历史深远。如此爱好学问的吕不韦肯定为嬴政组建了最好的教师队伍，编写了最好的教材，怎样为君做人的教育活动在那时就轰轰烈烈展开了。心理学家埃里克森认为在人的小学阶段，如果能够对孩子的成长悉心指导，让他看到努力和成果之间的关系，孩子就会形成自信和勤奋的性格。这或许是嬴政聪慧的起点。

嬴政的一生非常酷爱学习。这应当是他在思想上、思维上超越凡人的主要原因。史书记载，他待在皇家图书馆，每天要定额读完数百斤的竹书木简才休息。这些书大部分是文明的经典，包含了较深的修身养性之学，治国治人治军之学。在诸子百家的学说中，他独爱法家那一套。如果你读过《韩非子》这本书的话，就会明白这里的原因。韩非完全以一个现实主义者的眼光，来看待世道人心。因为韩非是韩国贵族子弟，他同样深陷人性之恶的旋涡。他的周身遍是尔虞我诈、易子相食、弑父杀妻、弱肉强食的事情。什么人性本善，什么理想主义，他压根儿没瞧见。嬴政一样是在权力的中心，战争的旋涡，身边尽是阳谋阴谋，血光之灾。满眼是人间惨烈，生存冷酷的景象。所以，他感觉韩非就是在写他自己的生活，是那样的真切、实在。韩非把世上的"君臣上下，一日百战"，"父母之于子女，犹用计算之心相待"的冷酷讲完后，给出了一套解决问题的方法。这方法凝缩为"法、术、势"三字。所谓法，就是以法治国，不以君主的个人意志为转移，一切以法为本，"法不阿贵，绳不挠曲。法之所加，智者不能辞，勇者不敢争。刑罚不避大臣，赏善不遗小民"；术，是指私下侦测、探听臣下的品行、心思、党派活动等，掌握群臣的动向，"国君无术，则蔽于上，臣无法则乱于下"，法要公开，术要深藏；势，就是权势，君主要任势，施行中央集权，"天无二日，人无二主"，"圣人执要，四方来效"，君主一旦失势，将导致大权旁落，奸臣当道。所以，他感慨道："我如果能见到韩非这个人，同他一起走走聊聊，死也不后悔了。"

一代帝王竟然能说出这样的话，可见，从书中的得益之深。后来的很多皇帝，达到这个程度的也不多见。只有一个汉武大帝，读完司马相如的《子虚赋》时说："我自恨不能跟作者生在同一个时代！"可那《子虚赋》，仅仅是一篇与治国无关的文学作品而已。

智力不是一次性生成的，而是先天后天持续作用的结果。美国心理学家做过这样一个实验，他们把同属一窝出生的小白鼠，分成两组喂养。一组放养在简陋的环境里，只提供食物和水，此外就是光滑的墙壁、空荡的房间；另一组除了吃喝的东西，环境设置得很复杂。有弯弯曲曲的洞穴，有天花板上垂直而下的绳索，有伸向四面八方的楼梯，有各种小型的秋千。两组小白鼠分开喂养了半年后，来测试它们的智能。结果让人吃惊，第二组小白鼠走迷宫的能力大大超越第一组。后来，心理学家解剖了小白鼠的大脑，发现它们的大脑脑细胞在重量和结构上，已经显著不同。

读书，可以增加智慧；学习，可以改变智商！《易经》乾卦有言，君子要终日乾乾，自强不息，方能成"飞龙在天"之势。

第六节　以坤道治人

嬴政亲政，权力重新回归到国君手里。在秦国蛰伏了多年的李斯终于等到了这个机会。他给国君上书，受到单独召见。李斯侃侃而谈，激励国君心志，为国君分析时局。

他说道："平庸人之所以平庸在于失去时机，成大功者之所以成功在于抓住时机并坚决执行。为何您的先君秦穆公称霸天下，却没能吞并东方六国？因为那时周朝的德望还在，诸侯还很强盛。而自从秦孝公之后，诸侯的势力与秦国相比，越来越弱小。如今的天下，诸侯之间矛盾重重，没有哪一个国家能抵挡强大的秦国。如果抓住这个时机，消灭诸侯，统一天下，容易得如扫除桌面上的灰尘。如果错过现在的时机，等到六国关系好起来，就是黄帝复生，也不能吞并他们。"

嬴政认为李斯说得非常有道理，立刻提升他为重臣，开始了统一天下之路。统一天下，需要人才辅佐。嬴政必须继续吸引、招募和培养各种人才。他要建立一个拥有共同愿景的团队，建立一个在心理上深度合作的平台，能让特异之人的智往一处使，力往一处发。而识人辨才，是建立团队的第一步。

怎样才能做到识人辨才呢？首先立足于自己的理想、需要。其次，发现人才的理想、需要、特长、资源。只有你的要求能实现他的某种理想、需要，他才会心甘情愿地去为你做事。仅仅一味地强调忠心，笼络感情，或者权势凌人都是不够的。人们从来不忠诚于外物，只会忠诚于自己的需要或利益。可以说，一个管理者以自己的需要为中心，什么事都难办成。在实现别人需要的基础上，展开合作，从而实现自己的需要，才是成功的根本。吕不韦明白这个道理，李斯明白这个道理，嬴政也明白这个道理。

最后，还要有用才的肚量，唯才是举，不问出处，皆能以礼相待，并以法与术相治。以要解决的问题为主，以目标为主。比如李斯，本是外国人，并且是平民百姓出身，但是嬴政却信任重用他，使他飞黄腾达。精通谋略和兵法的尉缭是来自魏国的穷人。尉缭还曾骂他"缺乏仁德，而有虎狼之心，穷困的时候容易对人谦下，得志的时候也会轻易地吃人。"但是嬴政肚里走船，额上跑马，对待他非常好。谋士姚贾是一个来自国外的盗贼、逃犯，嬴政却能"资车百乘，金千斤，衣以其衣冠，舞以其剑"。

谋臣顿弱，朝见嬴政时，相当狂傲，放口就说："我的做人原则是不参拜，如果大王能让臣不参拜，我就谏言，如果不允许，我就不说了。"就这样的态度，一国之主嬴政仍然对他说："不用拜，说吧。"顿弱就说："天下有三种人，大王知道吗？一种是有实无名之人，一种是无实有名之人，一种是无名无实之人。有实无名的是商人，无实有名的是农民，无名无实的就是你。"嬴政并没有因为他的不敬就治他的罪。等他讲完后，感觉他说的很有道理，反而大为高兴，立即采纳了他的建议。赐给他黄金万两，使他东游韩、魏，北游燕、赵，出使齐国，对他极其放权信任。

在消灭楚国的过程中，嬴政犯过错误，但他处理错误的态度与方法值得人学习。青年将领李信血气方刚，夸口只要20万大军就可以灭掉楚国，而久经沙场的老将王翦却要60万。成功心切的嬴政认为李信勇敢，而王翦怯懦，于是任用李信为主将攻楚。结果，楚国没有灭掉，20万人马被人围歼。嬴政发现了自己的错误，亲自乘车来到王翦的家，诚恳道歉，请他出山灭楚。最后，王翦终于用60万大军灭了楚国。另外，他没有肆意惩罚李信，而是让其戴罪立功，最后李信在攻打燕国与齐国时立了大功。

凡是人才，大都是个性鲜明之人，个个如同草原野马一般，能管理这群千里马，那得需要一个高明的伯乐。所以，不摆空架子，以礼待人，以法治人，大容量得才，大放心用才。纳才不拘一格，纳言不计瑕疵，用人洒脱豪迈。这些对下属的信任、待遇，贯看古今，并不多见，可以说嬴政达到了"用人不疑，疑人不用"的境界。

所以，他的创业团队是结构完整、功能齐全、数量多、质量高。有可以调理内外、运筹帷幄的李斯，有精通军略、可以指挥三军的尉缭，有直言敢谏的诤臣茅焦，有能言善辩的说客顿弱、姚贾，还有一大批勇冠三军的武将，如蒙恬、蒙武、王翦、王贲、李信、杨端和、内史腾等人。更可贵的是，还有几十万以法为尊如狼似虎的秦国战士。真可谓相帅成群，谋士满朝，战将如云，全军如龙集虎聚。

《战国策》的作者曾把嬴政虚怀若谷，善于治理人才，善于纳谏的特点总结为他取得天下的根本。书中说道："始皇因四塞之固，据崤、函之阻，跨陇、蜀之饶，听众人之策……以蚕食六国，并有天下。"

第七节　战略上的制胜

《三国演义》中写道，中国的局势每隔一定的时间就会发生变化，呈现出"分久必合，合久必分"的规律。而局势不会自动变化，起主要作用的还是人力，总有一些人促成它"分"，一些人促成它"合"。西周之后，春秋战国分裂500多年，才统一于秦。东汉之后，魏晋南北朝近400年混战才统一于隋。近代以来的台湾省在清代被日本占领，后被国民党占据，离开大陆100多年了，到今天两岸还没有统一。可见，统一之难。

嬴政掌握权力后，国内矛盾已经解决，消灭六国，一统天下排进了他的日程表。他要做一个把天下"合"起来的人。在此，他继承了祖先在攻打六国上积累的经验教训，这些经验教训可以凝结成两大原则：第一，远交近攻；第二，连横破合纵。这两大原则也是历代征服者常常依靠的原则。依靠了这两大原则，才能开启战争。兵家祖师孙子说过："上兵伐谋，其次伐交，其次伐兵，其下攻城"。所说的战争的几大要素都是围绕这两大原则展开的。"伐谋"，不直接冲突，而用谋略胜敌，化敌为友，让其主动亲近或臣服；"伐交"，施展外交手腕，瓦解对手的盟友，孤立对手，扩大自己的统一战线，同时派说客和间谍打乱他们的内部阵脚；"作战"，兵戎相见，在战场斗智、斗勇、斗力，消灭或驱散对方的势力；"攻城"，战争的最后一个手段，派遣军队，侵入对方的城邦和家园，彻底击败他们，征服那里的所有人口。

秦国在两大原则指导下的战争可分为四大阶段。第一阶段，战争初起时，远交近攻，联盟齐国、燕国，专一攻打削弱赵国，同时营造夺取韩、魏的前提；第二阶段，吞并赵、魏、韩，夺取六国的中间地带，把六国分为孤立的南北两部分；第三阶段，即战争的中后阶段，南北两翼同时用兵，灭掉燕和楚；第四阶段，战争末期，风卷残云，用兵于昔日的盟友齐。

对赵国的战争，是最重要的开局。为何如此呢？因为赵国是战中后期六国中实力最强的国家，尽管赵国长平之战败北，兵力大损，但实力还很雄厚，它常常是列国合纵攻秦的倡议者和组织者。但是秦国并没有实力一战吞并赵国，秦国曾经三次围攻邯郸，都以失败告终。后来采用的方法是拉拢齐国、燕国，削弱赵国，勾起赵国和燕国的矛盾，在燕赵冲突中，联盟于燕打击赵国。赵国在秦、燕两国绞杀下，实力大减，苟延残喘，国内局势动荡不安。

战场争斗的同时，秦国不忘谋战。选派了一些著名的说客携带万两黄金深入各国，收买各国的股肱之臣，加大列国君臣的内部矛盾，瓦解列国结盟的向心力。赵国、齐国、魏国的君臣纷纷上当。如果携带重金，口舌如簧的说客不能达到目的，就派遣剑术超强的刺客，或者半路埋伏，或者深夜入宅，行刺毒杀各国政治要人。这些招数又造成不少他国忠臣的丧命。

赵国的权臣郭开上钩后，秦国利用郭开进献谗言，离间赵国君臣关系。赵王中计杀了大将李牧。从此，赵国再没有能力保护自己。在嬴政30岁的时候，时机完全成熟，王翦率领大军攻破邯郸，灭了赵国。赵国一亡，天下再没有军队可以抵抗强秦了。这时，秦国移兵韩、魏，三晋之国被逐一消灭，秦国灭掉了统一天下的拦路虎。天下一统的目标指日可待。

在中国历史上，同时面对几个竞争对手，如何去应对，是困扰历代帝王争霸者的一个大问题。嬴政的灭赵策略，回环相连，精彩不断，给后人无限启发。

比如明代的朱元璋在占领集庆（今南京）后，东边是比较弱小的张士诚，西边是实力强盛的陈友谅。在大决战到来时，对于先攻击哪个对手，朱元璋经过了慎重思考，最终选择了先消灭强盛的陈友谅的策略，最后才在竞争中胜出。

而毛泽东却主张先打击那些弱小的势力，击其所短，以强胜弱。到底是先灭强好还是先灭弱好呢？归纳这些不同的战例可以看出，战略上应该灭强为主，即所谓"擒贼先擒王"，战术上应该抓住对方的弱处痛击，积小功而成大功。

秦国的战略和战术，伐谋伐交和作战攻城搭配得相当成功，成功地做到了麻痹齐国，离间了赵国、韩国、魏国的君臣关系，水淹了魏都大梁，战败了楚国支柱项燕。最后连续作战，消灭了曾经的盟国齐国和燕国。在短短10年时间内，嬴政击败了六国，统一了天下。

在统一六国的大大小小的千百场战役中，终结战国历史的嬴政从未骑马挥戈登临战场，也没有直接指挥过一场短兵相接的大战。他活跃在惨烈战争的背后，他是真正的主使者和幕后英雄。秦国在正确的方略下，积累胜利，走向成功，而六国对手节节败退，瓦解消失。

方略，是嬴政胜于六国君主的主要武器，他不骑马弯弓，不冲锋沙场，却制服天下。

第八节　失败者的弱点

嬴政成功的对面是六国君主的失败。同样是一国之君，为什么彼此间却有天壤之别、云泥之异？失败的人是否有他们的共同点？

六国之中，最先被灭国的是韩国。韩国的末代君主叫姬安，他继承王位后，对外只是苟安，面对秦国如狼似虎般的进攻，只知割肉喂狼，割地求和；对内法制不能修明，《史记》上说他在用人时，"儒者用文乱法，而侠者以武犯禁。宽则宠名誉之人，急则用介胄之士。"其实，当时的韩国并非没有一点儿希望，因为韩王身边就存在一个政治天才——韩非。但是韩国却不能大用，看着韩非在国内发牢骚，实在无法忍耐，就打发他去秦国做说客。一个如商鞅的治国之才，竟然被用作说客。韩非到了秦国，嬴政十分欢喜，把他引为高级幕僚。韩王如此不堪的政治管理，导致韩才秦用，最后只能沦落到自己投降、被杀。

第二个被灭国的是魏国。与嬴政同时代的魏国君主是安釐王魏圉，这位君主在史书上没有多少功业可供记录，但是却有一位雄才弟弟，此人乃是战国四君子之首的信陵君魏无忌。无忌门客三千，里面有不少大才奇才，无忌靠着这些人在赵国危急关头，大义凛然地帮助赵国败秦，并多次组织列国联盟，大败秦国于函谷关。魏公子无忌因此成为闻名天下的人。十数年间，魏国一直是秦国继续东进的障碍。但是魏王却愚智不分，中了秦国的离间计，猜忌信陵君，最终把信陵君赶出魏国的权力中心。信陵君政治失意，心灰意懒，解散门客，纵情于酒色，最后落得暴死下场。魏安釐王随后也死去，秦军趁机包围魏都大梁，挖开黄河，水淹大梁三月。魏国军民日暮途穷，举城投降，新任魏王被杀。

赵国的亡国之君是赵幽缪王赵迁，赵迁与魏安釐王可谓是命运相似的兄弟俩，相继中了秦国的离间计。魏王罢免了自己的弟弟信陵君，赵王杀死了大将李牧。李牧与白起、王翦、廉颇并称"战国四大名将"，人生早期曾独当一面，在赵国北部戍边，令匈奴闻风丧胆，后来又是抗秦主将，数次大败秦军，使东方各国一时看到战败秦国的希望。但是赵王却听信宠臣郭开谗言，夺了李牧的兵权，并杀害了李牧，此举导致赵国再无抗秦良将。李牧死后，秦军攻入邯郸，赵王迁降秦，赵国灭亡。

楚国国王名负刍。秦国大力攻打楚国时，楚国内部发生了宫廷政变，负刍杀死了哥哥楚哀王，自立为王。负刍靠着项羽的爷爷项燕和弟弟昌平君的顽强抵抗，国运延长了数年。但是，项燕终不是名将王翦的对手，王翦固垒不战，消磨了楚军的锐气，杀败了楚国最后的生力军。负刍被秦军俘虏，成了亡国之君，嬴政亲往樊口受俘，责备负刍有弑君之罪，废为庶人。

燕国的亡国之君是燕王姬喜。这位君主在位时间长达30多年，在国际局势上也有不少大动作，但都可以说是替人作嫁衣裳，到最后，接连损兵、折将、丢地、国亡。这一切都因为姬喜有两大缺陷：一是思维上不识大局，不知唇亡齿寒的道理；二是救国无方，施以行刺之术。为何说他不识大局呢，在秦赵发生战事之时，他不去帮助弱势的赵国，却与秦国做儿女亲家，联姻结盟。赵国被秦国削弱后，他派大将剧辛偷袭赵国的后方，吞占赵国北部领土。赵国随后派李牧、庞煖回击燕国，燕国大将被杀。燕国偷鸡不成反蚀把米。其次，姬喜不振军旅，却以行刺之术救国。面对秦国攻燕，不在战场上设法抵抗，却放纵儿子太子丹行刺秦王。国家战争，靠行刺来取胜基本没有胜算，行刺可算是末流之术。太子丹派刺客荆轲、秦舞阳带着地图和秦将樊於期的人头朝见秦王，图穷匕首见。行刺事情失败，荆轲被杀，太子丹逃亡辽东。秦燕关系彻底破裂。燕王为了取得嬴政的谅解，竟然捉了儿子斩首，献给秦王。一直到灭国的时刻，这个燕王都在做着错误的判断，做着糊涂的事情。在天下统一的那年，嬴政纵兵捉住惶惶逃命的姬喜，燕国被灭。

六国中最后一位亡国之君是齐共王田建。他于公元前264年至前221年在位，长达44年。在这44年间，长达41年的时间是靠着母亲君王后来治国的。君王后没有长远的政治眼光，迷失在秦国远交近攻的策略之下，在秦国大力进攻韩国、魏国、赵国、楚国时，齐国靠着与秦结盟，沐浴着东边清凉的海风，不问世事，不出一兵。君王后死后，田建的舅舅后胜又把持政权。后胜是个贪官，在秦国的不断贿赂之下，齐国对天下继续袖手旁观，终于眼睁睁地看着五国被秦国逐个吞灭。本来齐国在战国后期，国力还算雄厚，带甲之士也达百万，如果联合六国残余势力，也不会数日亡国。只等到秦军打到齐国首都时，百姓们都纷纷躲了起来，没有一支军队前去抵抗，可见齐国政治的腐败，军民对统治者的失望。齐国统治者投降，君主田建饿死于流放之地。

六国的失败，一方面源于秦国的强大，另一方面却是国君的缺陷所致。因为某些先天后天的原因，六国君主大多用人无方，导致其人才流失或闲置；其次，国家制度建设松散，不能在战时集权集力于一处。总之，他们没有一个人可以在志向、视野、管理能力上与嬴政相提并论。管理者的素质不够，国家的实力也不行，所以，秦军可以横行天下，摧枯拉朽，如同猛兽吞食兔羊。

第九节　统一人心是根本

公元前221年，嬴政击败六国后，继续出兵南方的百越和北方的匈奴，这样，中国的行政版图实现了一次巨大的统一和扩张。嬴政打下的南北边界几乎是历代王朝的边界，如此奠基式的政治军事伟业影响深远。

他自觉古往今来没有人能超过，因此，称自己为始皇帝。为了给后世证明自己的非凡，他要把功绩印刻在中国的大地上。他巡游天下，在名山大川刻石立碑，以名不朽。同时，他还接连建了几个世界级工程：直道、长城、秦皇陵、阿房宫等。

他修建万里长城，与其说是为了防备胡人，不如说是给自己的人生作品画上最后一个长长的符号。他要让后世的子孙感恩戴德，使他们在长城后边的安乐窝里，对他膜拜感恩。这种以自己为上帝的幻觉使他越来越迷失。长城的修建只能起到自欺欺人的安慰心理，在中国的历史上，长城没有阻挡住任何一个具有实力的入侵者，反而使长城内的民族越来越保守，居安忘危，进取心大大倒退，可以说，长城像羊圈一样圈养了后世的人民，使中国形成了一种保守文化。

长城还具有一些实用价值，而秦皇陵、阿房宫却是为了满足他的信仰和虚荣。有多种证据表明，嬴政是相信鬼神存在的。有一次，他巡游天下，乘船顺湘江而下，来到一座庙附近，遇上了大风，几乎不能渡河。他认为是庙里的湘君大神与他作对，他问博士道："湘君是什么神？"博士回答说："是尧的女儿，舜的妻子，埋葬在这里，化而为神。"他非常生气，派了三千服役的罪犯，把湘山上的树木全部砍光，毁了湘神的家园，来惩罚神。嬴政相信鬼神的存在与时代的愚昧有关，但可能也与他的疾病有关。有历史专家认为嬴政患有癫痫病。癫痫发作时，病人除了有昏厥、口吐白沫、脸部变形、乱跑乱撞的行为外，还会出现非常明显的幻觉。可能，嬴政在发病后，在一些奇怪的体验下，把幻觉里出现的影像当作了神仙鬼怪。因此，他希望自己也能做一个神仙真人，就让人称他为真人。为了能和仙人有一番畅谈，他万里驱驰，东海求仙；为了找到不死仙药，他厚待方士，提供大量的童男玉女、金银财宝。他满足方士的一切要求，屡次上当受骗，总是执迷不悟。

他的神鬼观还驱使他大修皇陵，建成数量惊人的地下大军和仆从，为死后的生活做足了准备。秦始皇陵工程之浩大在人类史上都是空前绝后。据说，皇陵的地宫深度达30多米，地面的封土100多米高。修陵时挖到三层泉水之下，然后用铜汁浇铸加固。其中修建了宫殿楼阁和百官朝见的位次，放满了奇珍异宝。墓室的顶上饰有各种宝石明珠，象征着日、月、星；墓室的地面是河流、五岳和九州的地理形势，象征性的江河大海都灌输了水银，棺椁被放在微缩的天地的中央。墓室内还点燃着用鲸油制成的"长明灯"，周围布置了巨型兵马俑阵。为了修成这座陵墓，几十万人用了38年时间。他们抛妻离子，累死在皇陵之下不计其数，可谓白骨累累铸成了秦始皇陵。如果世上有阴曹地府的存在，那么总部就应该在秦始皇陵下面，而统治阴间的阎王就是嬴政。生前为人王，死亦为鬼雄，秦始皇实践着他的理想。

但是，这些劳民伤财的工程是他人生的污点，是败国的开始，是秦亡的征兆。公元前210年，秦始皇第五次巡游天下，来到了赵国的旧地——沙丘，他突然就死在这里。这里曾饿死了赵国最伟大的国君赵武灵王。难道是他的疾病发作，看见了赵武灵王的冤魂来报仇夺命吗？还是他的儿子和大臣在此突受启发，学习武灵王的臣子害死了他？千古一帝，就这样命陨而去。

嬴政死后，臣子乱作一团。宫廷政变不穷，法令苛刻不止，数年之间，农民军就像蝗灾一样遍布秦国大地。秦国政权在六国后裔和农民军围攻下，旦夕之间，崩塌下来。对于秦朝灭亡的原因，汉代大儒贾谊回答：仁义不施，攻守之势异也。看来这位统治者在统一天下之前，还是施行一些仁政的，等他一统天下后，却把六国的人民当作了敌人，当作囚犯来使唤。统治者的心理角色没有转变过来，不能与天下人共享天下，不能在人心上统一天下，焉能不败？

对于嬴政来说，他的人生列满了赫赫功业，他能乾道修己，坤道治人，却不能坤道治民。他建立的天下大业，终于是功败垂成。举世瞩目的大秦帝国，辉煌只是刹那。这刹那的辉煌，短暂的闪耀，其中的得与失，成与败，足够记载千秋，影响永远了！

第十节　第一助手的智慧

秦始皇嬴政的成功，离不开他的第一助手——李斯。

李斯出生在乱世中的楚国，起步卑微，30岁的时候还是一名不起眼的文书小吏。小吏职位，在古代中国权力职位中一直是下贱、鄙薄的代名词。在大多数王朝，"官"是有编制的高级公务员，有宽广的晋升空间，前途光明。"吏"是无编制的干杂活的小人物，大多数人的一生就是写写画画，仰仗人的势力，看人的脸色来养家糊口。《水浒传》里的宋江就因为这个职位受人鄙视，而激发了奋斗的野心。在李斯身上，多多少少也有类似的遭遇吧。

一个人能一辈子安于做个不起眼的小吏吗？年轻的李斯的回答当然是"不能！"而人群的回答往往是"能！"很多人，身处不满意的职业、职位上，受着鄙薄的对待，心中曾怀着各种抱怨，但是依然老老实实地干了下去，最后把生死都交给了它，并"幸福"地死在了上面。为什么平常人前后如此矛盾呢？因为他们内心的自我保护机制。

随着时间的流逝，人的年岁衰老，很多机会消失，即使努力也很难改变命运。在恐惧引发的冲突与痛苦中，每个人都会在潜意识中启动自我保护机制，让自己从痛苦焦虑中走出去。而改变对自己和世界的认识标准、评价标准。人们总是生活在比较之中，如果一个小吏和高高在上的三公六卿相比，那确实太寒酸，太悲惨了。但是如果和一般平头百姓比，和街头无家可归的人比，和受尽各种灾难的人比，他总能找到安慰、骄傲、幸福。于是，心理保护机制自动启动，人不再往上看，而是往下看，不再看到在上者的自在和权威，而是看到改变带来的风险和不自由。这时候的人，无论往哪里看，无论跟谁比，总是发现自己的生活是最好的。他甚至开始同情一切不同于他的人，这种心态虽说是自欺欺人，但是，世上几乎没几个人能摆脱。因为，自我保护的心理机制是人性的一部分。

如果时光在李斯身上再流失几年，他即使再聪明，也可能会在自我保护机制下认同现状。机不可失，时不再来，年轻就是最大的机会，有着改变命运的多种可能，应当迎头而上，抓住时间和机遇，奋力搏取。

年轻的李斯要改变命运，苦苦思索而不得答案。他是一个勤奋的人，每天他都早早起床，赶到单位上班。当然，他是第一个来到单位的人，做的第一件事情可能是上厕所。我们可以想象一下那个情景。天刚蒙蒙亮，一身长衣的李斯，急急忙忙，冲进县衙的简陋的卫生间。一个挖了几个土坑的，堆积着臭粪的，连房顶都没有的地方。当他刚站住脚，他看到的是什么呢？一群奔逃的老鼠。

在污秽不堪、蛆蝇堆积的粪水中，一群浑身肮脏不堪的老鼠正慌慌张张地逃跑。李斯的到来，惊扰了它们的用餐，它们钻进墙缝，东躲西藏，生怕被打死一样。它们的样子真是糟糕透顶，它们的神情真是沮丧至极。曾经的李斯，每天都看到这群可怜的老鼠，有点儿见怪不怪了。感觉老鼠的生活，老鼠的性情应该大都是这个样子。

但是，一次偶然的机遇，改变了他对老鼠的看法。那次，他和人一起去了县里的粮食仓库。当他们打开封锁多月的库房大门时，一群肥头大耳的老鼠正玩乐于金灿灿的谷粒中。只见它们有的在追逐嬉闹，有的在悠闲睡觉，有的在纵情谈爱。当管理员拿起大棒打向它们的时候，它们好像都没有看见那大棒一样，毫无惊恐的样子，优哉游哉地散去。李斯不由得大吃一惊。世上的老鼠模样没什么分别，可是它们的环境不同，导致它们的行为产生天壤之别。厕所里的老鼠能力再强，吃的只能是屎尿中的垃圾，还面临着被人追赶的生命威胁。粮仓里的老鼠能力再差，吃的是干净的粟米，还能养尊处优，安享宁静与尊严。

人和老鼠不都一样吗？受着环境的决定！染于苍则苍，染于黄则黄。一个人只有选择了优越的环境，才能有优越的命运。一个人，即使再聪明，混迹于偏远的乡下，信息闭塞，每日和那些见识短浅，苟且生活的人朝夕相处，必然会慢慢变得愚蠢起来。一个人，即使有点愚笨，如果让他生活在一个积极、向上的环境，他也会给自己建立一个更大的目标。

常人只知道"守境存命"，而聪明人应该"换境变命"。觉悟的那一刻，李斯认识到，要跳出去，一定要跳出去，唯有跳出去，生活才有出路。这个念头，每日啃噬着李斯的心。但是，他李斯能跳到哪里去呢？跳到一个什么环境中呢？

战国时期，世人大致有三类职场环境。第一类环境是农村。生在这种环境，选择种田为生的人叫农民。农民没日没夜勤劳奋斗，流汗出力，整理农事，累得大腿上毛发脱落。但是，即使粮食得到大丰收，大部分都要交给他人，剩下的一点儿用来养活自己和家人的性命。生活在这种环境，即使朝夕辛勤，努力奋斗，依然是数代人下贱贫穷，人生变化不大。

第二类环境是战场。生活在这种环境中的人叫军人。军人年壮之时入伍，靠着勇气力量，跋涉千万里，风餐露宿，远涉他乡，冒着箭雨，蹚着血河，迎着刀阵，砍杀人头。军人九死一生，沙场拼命，虽然难以大贵，但胜利后就能升官进金，累功得爵，过上有尊严有地位的新贵生活。如果遇到混乱的时代，或许能够黄袍加身，混到皇帝的高位，但是，这种机遇发生的可能性几乎等于零。

第三类环境是官场。这种人既不种田也不打仗，工作环境中不流汗不流血。平日里或者伏坐案头，或者饮酒于肆。他们在书卷中，在觥筹交错中思维、交际，策动农民为他们产粮，策动军人为他们效力，他们不入农田，不披重甲，却也能够斗进金珠，衣染紫黄。与前面两种职场环境相比，这个职场的成员所付出的少，所收获的多。一点儿的努力可以有百倍千倍的回报，正所谓"劳心者治人，劳力者治于人"。

根据李斯的情况来看，他最佳的选择就是去做官。可是，哪个小吏不想做大官呢？做官是需要条件的，在李斯的年代，要做官除了靠皇亲国戚的提携这条路径，另外一条路径就是要靠真才实学。战国，是个实用主义社会。在巨大的竞争压力下，每个国家都需要优秀高效的管理人才。如果他李斯真有才学，不愁做不到官。

看看市场，看看自身，李斯觉着30岁还算年轻，还能拼搏一把。他决心辞职学习。这个选择，是平常人难以做到的。而观鼠的觉悟，让李斯觉得自己的选择是无懈可击的。他要去拜名师，取真经，镀真金。

哪门学问，哪个名师，能取得做官的真经呢？

在李斯那个时代，有一个众所周知的大学问家，那人被称为荀子。在战国末期，诸子百家提出的各种经天纬地的学说，已经被各个诸侯国实验了数遍。这些学说主张各不相同，但理想主义色彩较重的道家、墨家失败了，实用主义突出的法家受人追捧、可操作性较弱的儒家亟待改造。而荀子这位名贯千古的大师，是主张法儒结合的典范人物。他认为人性本恶，每个人生而好利，有耳目之欲，有好色之心。如果纵容人的本性，人们必然你争我夺，作恶无端。所以，他的学说注重学习和教育对人的改造功能，"木受绳则直，金就砺则利"。这种对人的后天改造既包含了儒家的礼，又包含了法家的法。人性本善，被完全抛弃了。这种"儒法合一""内儒外法"的学说在以后的两千年里成了中国统治文化的核心。可以说，荀子对古代中国政治的实际影响深度远远地高于孔子和孟子。这个新学问在混乱的战国，市场巨大。

李斯勇敢的辞职学习行为，简直就是直奔时代的号召。可是，很多人看不见这种号召。常人对时代大势缺乏理解，安于狭隘的角落，做着琐碎的工作，既然不能立于风口顺势而起，就只有在风尘下苟且保命了。哈佛大学智力心理学家斯腾伯格提出过"成功智力"理论，所谓的成功智力就是，个体为了完成个人的、群体的，或者文化的目标，从而去适应环境、改变环境和选择环境的能力。如果一个人具有成功智力，那么，他就懂得什么时候去适应环境，什么时候去改变环境，什么时候应当选择环境，并能够在三者之间进行平衡。

看来，李斯具有很高的成功智力。

李斯拜了荀子为师，学习儒法之道合一的帝王之学。年老的荀子当时正在楚国的兰陵做县令，他一边著书立说，一边研究天下局势。荀子年轻的时候，曾周游过天下，在多个国家做过官。见多识广，这也是荀子智慧高于同时代人的一大原因。

荀子去过秦国，对秦国的评价较高，认为秦国四代国君都强于东方六国，是因为治国有方。但秦国一味地严刑峻法，忽视礼义教化，只是学习春秋时代霸主的做法，这是荀子所不赞同的。荀子认为国家长治久安的方法要靠周礼儒学。儒学是统治天下的根本，法家的思想只能作为手段。

荀子非常尊重孔子。孔门儒学的真谛，那就是以天下任为己任，知其不可为而为之。把拯救天下、管理人间当作一门学问，当作自己的事业，这是儒家在境界上远远高于法家的地方。李斯作为儒学的弟子，在老师的整日劝学督促下，或许已把儒家的使命内化成了自己的使命。或许这是李斯传奇人生的根本原因，成功的最大因素。一个人只有心大了，他的世界才能大。仅仅是汲汲于富贵，追名逐利，是不可能把改变天下作为人生使命的。

李斯求学期间，发扬起苏秦精神，困了悬起头发，累了锥刺大腿，身心得到洗涤，学识和境界短时间内获得极大飞越。而司马迁在《史记·李斯列传》中写道，李斯最大的本事是善于抓住机遇，善于选择环境，有治国的能力，这些评论是不全面的。司马迁本身不是一个正统的儒士，他偏好于黄老之道，可能没有意识到李斯改造世界的心理境界。

李斯把天下作为自己的家，但是，天下熙熙攘攘，追名逐利，杀伐不已。诸侯闹腾了500年，得不到一个美好结局。结束这个局面有方法吗？很多人想到的应该是国际和平大谈判。不就是七个国家吗，大家围着个圆桌，签一个协议不行吗？行。可是每次签完，都是墨水未干，协议已经被撕得粉碎，和平协议不但不能带来和平，还成了愚弄对方的工具。在战国时代，像宋襄公那样具有旧贵族精神遵守规则和协议的人，尊重按规则竞争的人，早已被人们杀光了。和平协议，对解决大混乱问题完全无效。只有战争，一种统一七国的战争，才能给天下带来天下一国，才能实现大地上永久的安宁。这种观点可能已经成为当时学术界的共识。况且知识分子大都不是贵族子弟，他们既不代表各国诸侯的利益，对贵族封建制也不会有什么好感。天下一统，利己利民。有人会说一统会带来君主专制，政治黑暗，文明发展迟滞，但是与战争导致的无穷的灾难相比，人们还是渴望一个天下大帝国的到来。除此以外，人们并未找到更好的方法。

学业完成的李斯，决心要给自己找个好工作，一个为天下一统服务的工作。这个工作在哪里呢？哪个国家有潜力统一天下，哪里就有他的工作。而这时的天下，有楚、秦、韩、赵、魏、齐、燕七个国家，李斯面临选择的问题了。如果基于感情选择的话，他应该留在楚国，这里是他的家乡。他的老师荀子不也是选择了楚国吗？但楚国的实情是，接连被秦国欺骗、打败，连都城都丢过。国内自产一个天才人物屈原，却也被放逐而愁死。就是荀子这样一个大知识分子，在楚国也仅仅是做了一介县令而已。看来，楚国政治的特长是委屈、埋没人才罢了。在战国末期，楚国的国际地位直线下降，也就可以被人理解了。而其他几国呢？燕国偏于一隅，国内资源薄弱，除了偶尔取得一次对齐的复仇之战的胜利，基本没有逐鹿中原的资本。韩国在几个大国的缝隙里生存，苟延残喘，行将被列强吞没。齐国在战国中前期本来有统一天下的资本，齐桓公九合诸侯，一匡天下，威名远扬。齐威王建立稷下学宫这个第一所国际大学，汇聚国际精英，为齐国出谋划策，使得齐国国力大盛。齐国接连灭宋，败魏，吞燕，跋扈天下。但是齐国一直没有按照"远交近攻"的原则行事，战略上的失策导致其他国家结盟反攻，在燕国大将乐毅的进攻下，险些亡国。荀子曾在稷下学宫做大学校长（祭酒），但是也被谗言陷害，只能远走楚国。所以，到李斯的时代，齐国已经破败，没有复兴的可能。而这时的魏国和赵国也多次败于秦、齐、楚，往日的雄风不在，人才流失也很严重。

去秦国发展，大概是那个时代聪明人的共识了。秦国倒是重用外来人才，不过，在那里的发展也绝非一帆风顺。商鞅、张仪、公孙衍、范雎、蔡泽、吕不韦这些时代精英，都对秦国的发展做出过大贡献，但是人生结局并非完美。不过，他们践行了自己的抱负，倒是事实。孔子说，朝闻道夕死可矣，如果能践行人生抱负，结局又算得了什么呢？李斯决心去秦国冒险，追逐治理世界的大梦。那时，国君异人刚刚主政不久，相国吕不韦正大力招徕有识之士。李斯感觉正逢其时，他越过秦楚边界，去了秦国，走向了人生的大舞台。

可是，他在秦国的仕途并不平坦，一埋没就是数年。秦国大政这时主要控制在相国吕不韦和王后赵姬手中。虽然李斯是吕不韦家的幕僚，但是他始终不能走到政治前台来表现他的政治大才，他处在吕不韦的阴影下，默默无名。

机会在几年后终于出现。国君嬴政长大亲政了，相国吕不韦衰老了。年迈的吕不韦这才推荐李斯给国君，以代替自己继续对秦国政治产生影响。李斯终于面见了国君，在一面之缘中，年轻的嬴政，为李斯的学识倾倒了。嬴政年轻气盛，最敬服先祖秦孝公。他渴望出现个商鞅辅助自己，使秦国再次腾飞。而李斯，或许就是他要找的商鞅。

李斯开始被重用。在新环境下，他使尽平生绝学，数年之内，官升数级，成为秦国重臣。以后几十年，李斯辅佐嬴政，呕心沥血，出谋划策，帮助秦王嬴政一一战败六国。公元前221年，始皇元年，天下一统，李斯的人生使命也实现了。显赫的帝国建立后，凭借累累功劳，李斯终于做成了"一人之下，万人之上"的人物——帝国丞相。

这时候，他的儿子娶了秦国公主，他的女儿嫁给秦国皇子，他的家奴走在大街上都威风八面。他过生日时，来祝寿的豪车在家门口摆开，竟有几千辆之多，真是富贵如泼天潮水，向他奔涌而来。这时的李斯登上了人生的巅峰，实现了命运的惊天逆转，从一个刀笔吏转变成了显赫于世的大人物，一言一行，都能让天下变色。

换境变命，境换命终变矣。

可是李斯的绝世好命能延续下去吗？

老师荀子曾说过的一句话：物禁太盛，太盛则衰。李斯他是明白这个道理的。可是，怎样去解决这个问题呢？功成身退，是最佳选择。其次莫若降低功名贪欲，尽心事公。但是，环境影响人生，浸淫在官场太深的李斯，无法自由抽身了。他的家人、子孙都已经嵌入了秦国政治世家的血脉中。他只能想其他的办法来解决这个骑虎难下的问题了。

正当他忧虑之时，一件大事逼迫他做出了决策。

公元前210年，嬴政出巡天下，急病发作，驾崩在赵国旧地沙丘。李斯、宦官赵高和嬴政的小儿子胡亥当时都在事发现场。而本该继承皇位的长公子扶苏却正在北方修长城。因此，赵高和胡亥觉着有机可乘，决心拉拢李斯篡改诏书，私立新皇帝。这种宫廷之内的阴谋，自古以来风险极大，结局可能非常不好，聪明绝顶的李斯却苟同了。因为赵高的话打动了李斯。赵高说，一旦公子扶苏继位，李斯并没有拥戴之功，而受益的只能是扶苏身边如蒙恬这样的大臣。到时候，李斯自然是权力不保，前程堪忧，还可能祸及子孙。这时，李斯想到了商鞅的结局。秦孝公死后，商鞅大权旁落，作法自缚，被政敌五马分尸。而他李斯在秦国的情形正同于商鞅，多少对手盼望他落败。前车之鉴，他觉着保护自己，只能是接受赵高的建议。于是篡改诏书，立胡亥做了皇帝，并逼死了扶苏、蒙恬。关键时刻，他把自己的性命和权力，看得高于一切。

可是，新皇帝的红人赵高，怎能与德高望重、功勋卓著的李斯同处一檐之下？况且李斯又握着他的一些不良把柄。李斯既是他的政治大敌，又是他的心腹之患，他不想让这个人活在自己眼前，哪怕只是一秒钟。

赵高想尽各种方法，瓦解李斯与新皇帝的关系。李斯最终被毒计陷害，投进大牢。他被打了一千大板，虐打之下，承认怀有叛国大罪。叛国罪，在大秦那只能处以夷灭三族的酷刑。他本来想解决"物禁太盛"的问题，避免商鞅那样的下场。可是，命运的算盘仿佛不再由他决定。

公元前208年的一天，李斯与儿子身居牢笼，赶赴刑场。这时，人生已到终点的李斯不由又悟人生。他诙谐地对儿子说："想再和你一起牵着黄狗去老家东门口打猎逐兔，又怎能办得到！"或许，这时的李斯已经放下生死，内心坦然了。但他的人生之路带给人的困惑依然没有解开，到底是一辈子做个无名小吏，偶尔过一种牵狗逐兔的生活好呢，还是奋发改变命运，去积极影响世界好呢？这是一种人生观的选择。

　　人生过程跌宕起伏，人生结局惨不忍睹，李斯的一生错了吗？史学家司马迁评价道：如果李斯不贪婪富贵，有点忠臣气节的话，如果能多想点天下，少想点自己，他应该可以享受到周公、召公一样的美名，为后来的万世所敬仰。人应该是追求万世的敬仰，还是顺遂自己的心性呢？这二者有矛盾吗？

　　李斯的人生故事会一直启发后人思索。

第二章

刘　邦

第一节　书生的忍与谋

嬴政贵为帝王，想杀他的人却不少。除了剑客荆轲之外，还有一个书生——张良。

张良不光在中国历史上扬名，在海外也被尊为祖宗。什么祖宗呢？忍者的祖宗。在日本的书籍或影视里，常能看到"忍者"一词。他们所谓的忍者是指精神和身体的修炼而达到一定程度的间谍、特务、刺客等人。忍者被幕府时代的大名和豪强们所重视，成为战争中的特殊兵种。而忍者修炼身心的核心思想是忍术，日本文化中公认张良为忍术的祖师。

而在中国历史上，张良却被尊为"谋圣"。其实，谋和忍不能分开。"忍"是"谋"的条件，"谋"是"忍"的目的。正所谓"小不忍则乱大谋"，"阴计外泄者败"。张良是忍术祖师，是谋圣，可年轻时候的张良却是极其不能忍的。

为什么这样说呢？张良是韩国贵族，韩被秦首先灭掉，心怀国仇家恨的张良就招募刺客，行刺始皇。以平民之势行刺一国君主几乎没有成功率，简直是以卵击石的自杀行为，即使杀死了皇帝，也不能消灭他的国家，可见张良的不忍之处。刺秦失败后，张良被全国悬榜通缉。他隐名换姓，奔逃到小城下邳，潜伏下来静候风声。一天，他散步到下邳的圯桥之上，遇到了一位粗布短袍的老人。这次相遇，张良从不忍走向了忍，从小目标走向大目标，心理上发生改变，命运也得到转机。

老人径直走到张良身边,把鞋子脱掉扔到桥下,对张良吆喝道:"小子,下去给我把鞋捡来穿上!"公子哥儿张良一听,又是惊讶又是愤怒,不明白是何道理。可是,他现在寄人篱下,又是通缉犯,看着老人不像有意害他。他就把鞋子取了上来,给老人穿上。老人非但不谢,反而仰面长笑而去。张良呆视良久,只见那老翁走出老远后,又返回桥上,对张良称赞道:"孺子可教也!"然后,约张良五天后在此相会。张良看他模样非常,举止怪异,不知葫芦里卖的什么药,决心弄个明白,就答应了。

五天后,鸡鸣时分,张良匆匆赶来。谁知老人已经提前来到桥上,见张良迟来,老人指责道:"与长者相约,为何误时,五天后再来!"说罢离去。张良在家中又平心静气地等了五天,可是等张良早早赶过去时,还是晚了老人一步,老人又是那句老话:"五天后再来!"张良这五天真是早等晚等,等到那天,觉也不睡了,入夜就到桥上等候。天明后,老人终于来了,老人看他经受住了考验,于是送给他一本古书,说道:"读此书就可做帝王的老师,十年后天下大乱,你可用此书兴邦立国。"说罢,扬长而去。

这位老人就是传说中的神秘人物黄石公,又称"圯上老人"。圯上老人传给张良的书叫《素书》,这本书影响了张良一生,也改变了中国历史。《素书》到底讲了什么道理呢？从老人传书给张良的方式,也可以推测出是讲以忍术谋事的。老人传书张良的方式就是一次考试,只有考试及格了,才能获得真经,才能进一步修行其中的道理。这种选徒、授徒的方式,实在是高明。

"修身治国要有伸屈之道",这是《素书》开篇的主张:"贤人君子,明于盛衰之道,通乎成败之数,审乎治乱之势,达乎去就之理。故潜居抱道,以待其时。若时至而行,则能极人臣之位;得机而动,则能成绝代之功。如其不遇,没身而已。是以其道足高,而名重于后代。"

据说张良日夜攻读此书,情商功力、谋略功力大增。后来,常用书中道理辅助刘邦,如明修栈道暗渡陈仓,斗智鸿门挽救刘邦脱困,策反英布斗败项羽，收服齐王韩信的方式皆符合《素书》的思想。刘邦夺得天下山河后，对群臣说道："夫运筹策帷幄之中，决胜于千里之外，吾不如子房。"于是，赐予他三万户封地，但是他胸有《素书》，推辞不受。

张良的人生智慧，符合道家治理世界的主张，符合《道德经》上说的"是以圣人为而不恃，功成而不处"之言。所以，他晚年能够放弃高位，隐居山林，随赤松子游。后人把他的这种行为称之为明哲保身之术，实在是世俗的偏狭。

"以忍取胜"的典故在史册中不难寻找。与张良同时代的韩信也是忍学大师。韩信能忍"胯下之辱"的故事也流传千古。在司马光的《资治通鉴》里还记载了两件与忍有关的故事。

唐高宗时代，追名逐利之风盛行，社会戾气浓重。而在河北的赵郡，有一个九世同堂的李姓家族。唐高宗很惊讶他们能和睦地生活在一起。就让李姓族长上书回答其中的原因。那位德高望重的族长给皇帝上了一道书，传到宫廷打开一看，是三百个书写得工工整整的"忍"字。

武则天时代也有一个故事，是有关宰相娄师德的。他的弟弟当上了代州州长，赴任前，娄师德问他："我们身居高位，必然会召来人们的嫉妒，你怎样才能使自己免于灾祸呢？"他的弟弟恭敬地回答道："哥哥放心，即使有人唾在我脸上，我只把唾沫擦干，你就不要担忧了。"娄师德立刻斥责他："这正是我担忧的地方啊！人家唾你脸上，是生你的气，而你把唾沫擦干，以示反抗，就会使他更加生气。切记，唾到脸上的口水不可以擦，它自己会干。你应该满面笑容，任人家唾。"

尽管这些都是关于忍的故事，但是人们在忍的境界上还是有很大差别的。有的人是忍辱苟活，任人欺凌、压迫，完全失去了自主之心，这就不是忍学的主张了。有的人利用忍来复仇、犯罪，更是一种愚昧的行为。忍是为了实现谋，谋是为了志，而真正的志向应该是圣人之志，应该是为自己和天下人的大利益服务。往这个方向修习忍学的人是非常少，所以，在张良的时代，他就没有找到合适的传人。

《素书》作为陪葬品被埋到了他的坟墓中，直到千年之后，才被世人发现。

在我们这样一个社会，人们急功近利，强调即时满足、快速成功。这与主张静心修忍、专心致志的忍学宗旨相异。所以，我们更应该修习忍学。

"忍"在心理学有个专业称呼，"延迟满足"或"冲动控制"。"延迟满足"是指一种为了更有价值的长远结果而放弃即时满足的心理取向。关于延迟满足有个经典的实验。心理学研究员找来数十名儿童，让他们每个人单独待在一个小房子里，里面只有一张桌子、一把椅子。桌子上的托盘里放有儿童爱吃的美食——棉花糖。研究员告诉儿童，可以马上吃掉棉花糖，或者等研究人员回来时再吃，如果能延迟再吃他们还可以再得到一个棉花糖。他们还可以按响桌子上的铃，要求研究人员立刻回来，不过这是没有奖励的。对爱吃甜食的孩子们来说，实验过程颇为难熬。实验的结果是，一些孩子没有按铃就立刻把糖吃掉了，另一些则盯着桌上的棉花糖，半分钟后按了铃，大多数孩子坚持不到三分钟。而有三分之一的孩子成功地延迟了自己的欲望，他们等着研究人员回来，15分钟以后，兑现了奖励。

看来，人们在忍耐境界上确实有差异。不过，研究不是进行到此为止。而是继续跟踪这些在忍耐能力上不同的人的命运，直到他们人生的中年。结果发现，那些忍耐能力强的人，在以后的上学、恋爱、工作、心理健康、人际关系方面表现较好，相对来说属于成功人群。而那些在实验中表现差的人，在相应领域表现也较差，他们还出现了体重超重、毒瘾等问题，属于失败者人群。

为什么人们面对诱惑、痛苦、困境有不同的忍耐能力呢？可以从大脑的运行机制来解释。人的大脑是进化形成的，在结构和功能上可以分为三层，原始脑、情绪脑和理智脑。原始脑是生命的中枢，这个脑区可以管理人的呼吸、心跳、维持生命的基本生理活动。情绪脑是哺乳类动物特有的脑，是大脑中"热"的一部分。情绪脑通过即时的情绪系统来调节人的行为，愤怒了就攻击，恐惧了就逃避，愉悦了就接近。情绪脑做主会导致人忍不住说，忍不住做，忍不住玩，忍不住寂寞和痛苦。因为一时不忍，就去动手打架，毁坏财物，破坏婚姻，破裂交情，甚至激情之下，去杀人和自杀，而最终伤害了一生，毁灭了一生。这些都是被情绪脑控制带来的危害。

而理智脑，是大脑中"冷"的一部分，像钟表上的指针一样有序稳定地运动。它可以带给人以逻辑，让人树立目标，并监督言行，指向未来的美好结果。理智脑可以通过转移注意力来让人摆脱暂时的诱惑或痛苦；还能把要达到的理想图形化，情感化。经常在心里描画和回味长远的理想结果，可以抵制情绪即时满足的快感，抵制环境带来的同化，并卧薪尝胆，长怀警醒之心。

宋朝的大聪明人苏轼也早就看出了非常人物和平庸者之间差异的秘密，懂得了人脑的一些不同，所以，他说："人情有所不能忍者，匹夫见辱，拔剑而起，挺身而斗，此不足为勇也。天下有大勇者，卒然临之而不惊，无故加之而不怒。""勾践之困于会稽，而归臣妾于吴者，三年而不倦。且夫有报人之志，而不能下人者，是匹夫之刚也。""高祖之所以胜，而项籍之所以败，在能忍与不能忍之间而已矣。项籍唯不能忍，是以百战百胜而轻用其锋；高祖忍之，故能养其全锋而待其弊。"

忍学，真是一门人生必修的学问。

第二节　寻找更优的算法

忍是成功的基础，谋是成功的途径，谋比忍更重要。

谋，即"谋划、运筹、计算"之意。《孙子兵法》十三篇，第一篇《始计篇》，就把"谋划"放在了做事的第一位。"夫未战而庙算胜者，得算多也；未战而庙算不胜者，得算少也，多算胜，少算不胜，而况于无算乎！"

一个问题总有多种应对方法，可以基于过去的习惯，过去的经验。也可以重新思考问题所在的系统，打破旧框架，去搜寻一切可能的方法，在其中找到更优解。智者比别人最聪明之处就在于，寻找问题的更优算法。怎样才能找到更优算法呢？答案就是，首先要明白问题所在的系统。我们所面对的任何事物，所解决的任何问题都必然处于一个复杂系统内，受系统的控制，而系统有其自身的规律。如果把系统的规律掌握了，困难就可以因势利导，较为容易地解决。

我们先来看一个故事：田忌赛马。

齐国的大将田忌经常与人赛马。孙膑发现他们的马，脚力都差不多，可以分为上、中、下三等，于是孙膑就对田忌说："您只管下大赌注，我能让您取胜。"田忌相信了他，与参赛者用千金赌注。比赛即将开始，孙膑说："现在用您的下等马对付他们的上等马，用您的上等马对付他们的中等马，用您的中等马对付他们的下等马。"比了三场，田忌一场败而两场胜，最终赢得了千金赌注。

孙膑的方法为什么就这么厉害呢？是因为他明白了决定赛马输赢的系统。普通人做事大多凭着习惯来做，没有对系统做过深入思考。他们赛马的习惯是，根据马的优劣依次投入赛场。他们是真正地在比赛马的好坏，而不是思维的好坏。但是决定比赛结果的，不仅是马的好坏，还有马的出场顺序。孙膑看到了影响胜负的更大的系统，看到了新的算法，所以，他胜出了。其实不仅仅是战争、赛马，治国治军，做人也都处在一个系统下，有着不同的算法。当我们在某种情势下，依据更优的算法做事时，就可以事半功倍。

古人把系统及支配系统的规律称之为"道"，能依照"道"来做事就叫作"德"。无论是《道德经》、《黄石公三略》、《素书》，"道"和"德"都是书中一个核心的概念。张良研读古代的经典，遵从道家的学说，对"道、德"有深刻的认识，他总能从系统论角度，整体地去思考问题，去影响系统，去寻找最优算法。有关张良智谋的事例很多，我们选择两例来看一下。

一　计攻峣关

刘邦率领两万大军，一路向西，准备直入关中地区，占领咸阳。当走到峣关时，遇到守军的阻碍。刘邦主张军队直接攻击，这时张良阻止了他。张良为何阻止他呢？因为面对当前局势刘邦落入了平常思维,没有去认真搜集情报,研究系统,没有去寻求更优解,企图凭着勇力取胜。

而张良呢,却已经派人打探,搜集了有关敌军的情报,发现了更容易取胜的方法。他向刘邦建议道:"秦军还很强大,不可轻视。听说峣关守将是屠户的儿子,市侩之人容易以利相诱。希望您留守军营,建造给五万人吃饭用的灶具,并在各个山头上多增挂旗帜,作为疑兵,然后叫人带着贵重的宝物利诱秦军的将领。"刘邦觉得很有道理,就按照张良的计谋来布置。

秦军搜集情报,发现刘邦大军人数果然众多,又看看面前的宝物,感觉风险重重,战斗有可能丧命,合作还有财货,于是决心背叛秦朝,跟刘邦联合,一起向西袭击咸阳。欺骗对方的计策成功了,刘邦想接纳秦将的投降。张良说:"这只是守将想反叛而已,士兵们不一定听从。士兵不从必定带来危害,不如趁着他们懈怠时攻打他们。"刘邦就率兵攻打秦军。出其不意,攻其不备,大胜。

二 巧用项伯

项羽大军进入关中时,受到了刘邦的封关阻碍。他决心教训一下这个鲁莽的竖子,便请他前往鸿门赴宴。这时的刘邦,进退两难。去赴宴,就是自己钻进虎口;不去赴宴,就会受到更大怀疑,项羽大军压境,随时可能致他败亡。正在无可奈何之时,项伯来了。项伯是项羽的叔叔,深得项羽的信任。因为张良曾经救过他的命,危急关头,项伯前来报恩,解救他们。这时,张良为刘邦想出了一个应对困局的方法。

他对项伯说,刘邦没有与项羽为敌的意思,之所以封锁函谷关,是为了防备其他的强盗。另外,他们同属于反秦联盟里的义军,天下大业还没有定,兄弟之间就开始火拼,只会让他人得利。项伯觉得张良的话很有道理,非常认同。这时,张良又安排项伯与刘邦会见,使他们结为亲家。项伯回到楚军大营,说服了项羽。这样,刘邦在项伯的支持下,赴了鸿门宴,取得了项羽的谅解,避免了灾难。

刘邦脱困后,赏赐给张良黄金百镒,珍珠二斗,张良却都赠送给了项伯。张良利用恩情、亲情、财富彻底征服了项伯的心,又求项伯说服项羽,把汉中地区交给刘邦管理。他之所以为刘邦争取汉中,是他看到天下隐伏的危机,为以后刘邦占据关中埋下伏笔。项羽重亲情,接纳了项伯的建议。刘邦就得到了汉中地区。准备启程去封国时,张良又劝告说:"大王为何不烧断所经过的栈道,向天下表示不再回来的决心,以此稳住项王的内心。"刘邦就烧断了所经过的栈道,项羽从此对他不再怀疑。

刘邦数年时间,在张良的智谋相助下,打败了项羽,征服了天下。所以,封立功臣的时候,他让张良从齐国选择三万户作为封邑。这待遇如同当年武王对待姜子牙一般。但是,为未来而筹划的张良,在新形势下,只是选择了一个小小的留县作为封地。而那些得到巨大利益的大臣,在吕后的打击下,一个个被灭三族,死无葬身之地。

能从系统、大局、未来看问题,能创造新元素影响系统,创造更优解,更优算法,是张良的过人之处。当代的运筹学、博弈论研究的知识,在两千多年前,就已经被张良运用得出神入化了。"谋圣"的美名,并不虚传!

第三节 霸道不可久

项羽是秦汉之际的大英雄,时代的巨人。他命运的发迹和失败能给我们提供什么借鉴呢?

先来看一看司马迁对他的评价:"项羽没有什么权柄可以凭借,他趁秦末大乱之势兴起于民间,只用三年的时间,就率领原战国时的齐、赵、韩、魏、燕五国诸侯灭掉了秦朝,划分天下土地,封王封侯,政令全都由他发出,自号为'霸王'。他的势位虽然没能保持长久,但近古以来像他这样的人还不曾有过。"

"至于项羽舍弃关中之地,思念楚国,建都彭城,放逐义帝,自立为王,而又埋怨诸侯背叛自己,想成大事可就难了。他自夸战功,竭力施展个人的聪明,却不肯师法古人,认为霸王的功业,要靠武力征伐与治理,结果五年之间丢了国家,身死东城,仍不觉悟,也不自责,实在是太错误了。而他竟然拿'上天要灭亡我,不是用兵的过错'这句话来自我解脱,难道不荒谬吗?"

司马迁的第一段文字,是夸赞项羽的,描述他的成功与奇迹来自借势,非常有道理。春秋战国500年历史,列国诸侯以称王称霸驰名天下,但是要论军功成就,没有哪个霸王能超过项羽。至于项羽为何能称霸天下,司马迁并没有深入分析。

第二段文字,司马迁总结了项羽失败的几个原因。一是对天下大局把握不当,不以大局为重,建都的地点错误,不利于统治;二是品行不够高尚,背叛了楚怀王,树立了叛乱的榜样;三是性格有缺陷,没有自知之明,只顾表现个人聪明,企图凭借武力威服天下。司马迁的这些总结也有道理,但是他没有找到项羽失败的最根本的因素,即心理因素。

项羽成败的因素,都在于他的复仇之心、称霸之心。

项羽出身楚国贵族,将门之后,他的爷爷项燕在秦灭楚的大战中,表现了非凡的能力,但最后中了秦计,失败身亡。祖父、父亲过世后,他就跟着叔叔项梁流亡天下,寻找反秦报仇的机会,最后终于起义。历史上有句话,叫"楚虽三户,亡秦必楚"。可见,秦国与楚国的仇恨是非常之深,楚人的报仇欲望是非常之强。可以说,驱动项羽成功的就是复仇情结,复国情结。所以,他没有在打倒秦国后,去建立一个新的王朝。所以他火烧咸阳城,焚毁秦帝陵,恢复楚国,定都彭城(今江苏徐州),分封诸侯,衣锦还乡。在他的心里,只有故国故乡,楚国是他的国,乌江之东是他的乡,而天下却不是他的国与乡。在强烈的复仇之心的驱使下,他披荆斩棘,率领千军万马,建立不世功名。

导致项羽成败的另一个心理原因是好虚名。项羽有一颗不甘居人之下的心,年轻的时候,已经外露。当他观看秦始皇的游行车队时,就叫嚣道:"我可以取代他!"在他幼年学习的时候,叔叔项梁四处搜寻文师,教给他识字读书,但他不能坚持下去,又寻找剑师,教给他击剑,他也不能坚持下去。项梁对之无奈,愤怒地批评他,项羽却说:"识字读书仅能记记他人的姓名,学习剑术仅能制胜一人,这些都不值得学,我要学能敌万人的学问。"项梁安排他学了兵法。他倒是学得很投入。可是,敌万人的学问难道是兵法吗?项羽只是表现了一个热血青年的野心,并没有治理天下的志向。

好名图霸,导致他自我中心和自我崇拜。看人只是看到缺点,总觉得自己最有本事。因为这个缺陷,他杀死了号召他起义的太守,杀死了顶头上司宋义,杀死了起义军的首领楚怀王。既然他不把任何人放在眼里,心中也没有天下人民,那他就可以不仁,可以屠城。历代创业的帝王很少像他这样还没成功就肆无忌惮的。

他爱好虚名,就很难用才、爱才。在他名声大的时候,人才像流水一样,投奔他汹涌不绝,但是他蓄才不用。于是人才又像流水一样,离开他汹涌不绝。为什么项羽没能留住人才呢,难道是他对人不热情,不尊重吗?非也。项羽在接人待物上,那是比一般人要热情好客多了,礼贤下士不逊于任何明主。就连一个普通的士兵受了点伤,项羽都会嘘寒问暖,表现得心疼肝痛,表面上看是爱才如子。而他实际要的是别人的臣服和敬慕。他的妇人之仁产生的原因正在于此。本该在鸿门宴杀掉野心显露的刘邦,可他却被刘邦的恭维所迷惑。爱好虚名导致他犯下不少大错。最大的错误,是给自己授予了一个称号:西楚霸王。这个称号古怪可笑,闹不清他到底要称霸西楚,还是要称霸天下?通观史书,"霸王"这个名号不伦不类,没有多少深沉庄重的文化内涵,正所谓名不正则言不顺,言不顺则事不成。

项羽招了无数的人才,放在暗处,等待他们发霉。别人的发霉正好让他闪光,让他勇冠天下。他确实能征善战,常率领强军东奔西突,虽然战功累累,可是手底下人才的潜能却被埋没了。可以说,项羽充分地开发了自己的潜力,压抑了他人。所以,项羽的创业团队中名留历史的人物就很少,创建大功的人就很少,究其原因是项羽不给人家机会。

项羽蓄才不用的另一个原因是他在权位上升的过程中,滥杀自己的领导导致心理扭曲。他在揣摩判断他人时,必然产生投射心理,于是再很难信任他人，以为人家和他是一样的想法。范增对他十分忠诚，他却不采纳范增的建议，还怀疑他有背叛之心。绝望的范增骂他竖子，愤愤离他而去。

项羽在人际关系建设上把自己逼上了死胡同，他能依靠的只能是家乡人。从他的"富贵不归乡，如锦衣夜行""无颜面见江东父老"这些话语中，可以推测到他的乡情之重。项羽所亲近的人大都是同乡人，一起长大的玩伴。因此，郦食其说他在用人上"非项氏莫得用事"。而刘邦呢，虽然也有个"家乡帮"在身边卖命，但是更多得力的人才是半路上结识的，不少大才还是收编的项羽的旧部。因为曾在逃命的路上，为减负而脚踹儿女下车，因为要和项羽同分一杯"父肉羹"，刘邦被世人称为狡诈无情，但他从不胡乱杀人。所以在用人的时候，他也就不像项羽那样内心胆怯多疑。一方依靠"家乡才"，一方依靠"天下才"。谁胜谁败也就很容易判断清楚了。

对于项羽为何失败，刘邦的部下王陵等人曾认为，项羽对权力和财物太贪婪了，没有大力封赏，失了人心，才导致失败。这只是看到了表面原因。站在项羽的内心考虑的话，他之所以不大力封赏，是因为别人没有做出太大贡献，好事都让他一个人做了嘛。一个猎人，如果能自己追上兔子，他的猎狗饿死也不奇怪。陈平与韩信是那个时代的大才，早期都在项羽帐下效劳。可能陈平因为长相帅，还得了一个中高级的武官职位，韩信就惨了，一直任低级侍卫。"士为知己者死，女为悦己者容"，项羽没有理解他们的内心、志向和才能，他们怎么可能会效死。所以，韩信离开了他，陈平离开了他，范增离开了他，最后，天下离开了他。

《道德经》有言："上德不德，是以有德；下德不失德，是以无德。上德无为而无以为；下德无为而有以为。"一个聪明的国君要能恰当地做到"无为"，他的臣子才能"有为"，那样他才能"无不为"，才能"用无为治有为"。正如韩非子所言，下等的君主尽己之能，中等的君主尽人之力，上等的君主尽人之智。领导人的某项才能表现过多，部属的才能就会被压制，才能不能自由发挥，就压抑难受，就不会有什么成就，就会想法出逃。可见，在管理才能上，项羽只是一个中下等的君主罢了。但是在性情上,因为复仇之心的趋势,项羽又很残忍暴戾。清代的思想家王夫之说项羽的失败是因为他太狭隘,太残暴不仁,这是中肯的。

由于管理没有抓住根本,性格上又有缺陷,项羽终于遭遇了垓下之围,进入了命运的绝境。无奈中的他唱起了那首悲凉的楚歌:

力拔山兮气盖世,

时不利兮骓不逝,

骓不逝兮可奈何?

虞兮虞兮奈若何?

但是,两千年来,很多人还在为这位英雄惋惜,认为他气节非凡,壮怀激烈,超凡脱俗。认为他是一位豪气冲天的大英雄,一位人杰鬼雄。这对他的赞扬太过了。比之圣人智者,他的境界太低,智慧又不够高明。他虽然能够借助时势和勇力而崛起,却悖逆人情事理。靠着霸道争锋天下,那他的成功又怎能守住,拔山的力气又有何用!那流传千古的绝唱,结尾只能是沉重的奈何和若何了。

第四节　身份认同决定命运

项羽灭了大秦,自称西楚霸王,可是霸王大旗五年而倒,天下竟成了刘邦的了。刘姓皇族数代绵延,达几百年,远超秦楚对中华的影响力。刘邦,他如何有这等命运?

两千年来,皇帝都自称真龙天子,他们身穿绘有九条龙的龙袍,住在绘有龙像的龙宫,出行坐在龙车龙轿里,他们的后代也被叫作龙子龙孙。这一切关于皇帝与龙的缘分,要追溯到刘邦的出身。

翻览史书,刘邦之前的皇帝没有谁说自己是真龙天子;他是第一人。传说,刘邦称真龙天子和他母亲的遭遇有关。一天,刘邦的母亲王妈妈,野外劳作,身体困乏,倒在一个湖坡上睡去。她很快就沉入了梦境。忽然,风来云聚,电闪雷鸣。刘邦的阿爹这时去湖岸寻找妻子,他惊讶地发现一条龙趴在老婆身上。事后,王妈妈怀孕了,生下刘邦。不知是龙变成了刘邦，还是刘邦是龙的儿子，龙与刘邦就这样结下了不解缘分。

史书言之凿凿，这件事在汉朝被演说了几百年。而其他朝代的皇帝呢，他们的母亲本来和龙没有什么瓜葛，也牵强附会，说自己是真龙天子。就这样，龙的故事在皇帝家庭演绎了两千多年，直到大清的龙旗跌落尘埃。据说，中华民族人人都是龙的传人。但是，在古代，一介平民谁敢说是龙的后代，那可能会犯谋逆大罪，要被灭三族的。

除上述的传说外，刘邦是真龙化身的证据还真不少。一是他的长相，他是"长身龙颜"。史书上说他额头凸出，鼻梁高高，脖子细长，胡须长长垂下，与龙的样子还真神似。二是他左腿长得奇特，密布"龙鳞"，有人说那是七十二颗黑痣。三是还有人证见他的真身是龙。有一次，他醉倒在酒馆，有人看见一条龙若隐若现盘在他身上，看来，龙喝醉了会现出原形。一次，刘邦在去咸阳的路上，斩了阻路的白蛇。有人看到白蛇的母亲变成老妇人在路边伤心大哭，人家问她怎么回事，她说，是赤帝之子斩了白帝之子。四是物证。刘邦出现的地方还经常伴有云气出现，他的妻子吕氏曾据此在深山里找到他。这又符合风从虎，云从龙之说。

现代人大多会认为这是古代人的胡诌之词。但是，要知道，几千年来，我们的文明一直深处巫术时代。就是现在，还有人相信有神鬼的存在。所谓的"文化"其实就是人们共享的信念和信仰。而智者会洞察超越时代的文化，文化认为伟大的、神圣的、真理的元素，都会被聪明人利用，用来驾驭民众。从古到今到未来，这个现象都没有改变。

因此，在巫术时代，帝王的家世都很奇特。《诗经》里记载，商朝、周朝的祖先都不是纯粹的人。商朝的先祖叫契，契是怎样的人物呢？人和玄鸟的后代。契的母亲叫简狄，长得非常漂亮，她和丈夫一起去河里洗澡时，发现了一枚黑燕产下的蛋。可能是饥渴，她吃下了那颗蛋，就怀孕生了契。契特别善于治水，帮助大禹有功，创下了非凡的家业。契的子孙中有一个叫汤的人，发动了汤武革命，推翻了腐朽的夏，自己做了天子。现在看来，燕子是一只普通的鸟，但是在夏商时代，燕子比龙要神圣许多。那黑色的燕子，是一种古怪的黑色幽灵，是天神的化身。

周朝帝王的家世也不平凡。周的先祖叫后稷，后稷的母亲姜嫄到野外游玩，看见一块很大的巨人的足迹，感到好奇，就光着脚踏到了上面，随即一阵电流通过身体，她就怀孕了。姜嫄生下了一个孩子，取名后稷。后稷特别善于农业耕作，被尧推举为农师，成为贵族。他的子孙中有个叫姬发的，发动周武革命，击败了商的后人，开创了周朝。（"大脚神的后代"能打败"鸟蛋的后代"，似乎很有道理。）

刘邦之所以人生非凡，也和出身信念密切相关。或许刘邦第一次听到自己的出身故事时，也不相信，但是，三人成虎，谎言说得多了就成了"真理"。非常之人，一定有一颗从小就形成的"非常之心"。无论是迷信也好，真理也罢，自我的身份认识一旦形成，就在大脑扎下了根，就会驱使他做出某种表现。成年后的刘邦，他的大能量、大自信、生命的豪迈与洒脱，可以说和这种巫术时代的身世传说关系密切。

刘邦后来的成长又助推了这种身份认同。刘邦的家族还是有一些背景的，并非祖上十八代都是贫民。他的曾祖父刘清曾做过魏国的大夫，只是到了他爷爷这代，家族的社会地位跌落了，成了战国时期默默无闻的小民。

刘邦的父母生了三个儿子，刘伯、刘仲、刘邦。古人把最小的那个儿子称作"季"，因此刘邦又以刘季之名行于世。奥地利心理学大师阿尔弗雷德·阿德勒认为可以从出生秩序来分析人的性格，这是有一定道理的。他说，老大大都是心理保守型的，因为他需要以此保护自己的地位，来霸占家人的爱。而最小的孩子大都是冒险型的，企图以此打败在他前面的所有的人。他在整个童年期的主题，就是不断地追赶，超过每一个在他前面的兄弟。所以，最小的孩子往往会成为家里的颠覆者，成为一个征服者。但如果面临的困难太大，最小的孩子则容易丧失勇气，会成为一个失败者。兄弟排行在末位的帝王在整个开国者中所占的比例是比较大的，除了刘邦外，下面这些人也是家中的小弟：刘秀、朱元璋、洪秀全等。他们在竞争的家庭氛围下产生了一种野心勃勃的心态，并克服重重困难，超越了所有的兄弟。

因为祖上曾有过的荣耀，父母对后代抱有重振家门的美好期望。家人的期待或许也是刘邦向上奋斗的一个动力。但是刘邦年少时读书不多，相当于小学没毕业就辍学了。但是这期间的同伴关系培养了刘邦的某些领袖素质。刘邦的一个小伙伴卢绾最能说明这个问题。史书上记载：卢绾与刘邦是同村人，两人还同年同月同日生，诞辰的时候邻居牵羊带酒祝贺他们。两人长大后又一起入学读书，互相敬爱，以致邻居们牵羊带酒祝贺他们的友谊。刘邦为平民的时候，因为吃官司东躲西藏，但是无论他到哪卢绾都跟到哪。可以说卢绾是刘邦生活里一个最得力的助手，一个最亲密的属下。刘邦做了秦朝的"反贼"后，卢绾又去投奔，紧紧跟随，为他出谋划策。刘邦成为汉王后，因为信任这个小弟，任命他为将军并担任侍中职位，做家中的大管家。卢绾没有建立超越韩信、彭越的功业却被刘邦封为燕王，成为汉朝少见的异姓王之一。平时，刘邦赏赐给他的衣服、食物和其他物什都是别人不能相比的。虽然萧何、曹参等人因才能过人、功劳盖世，忠于职事而得到刘邦的信赖，但若论到被宠信的程度，没人可以和卢绾相比。卢绾可以自由出入皇宫，进出刘邦的卧室。

刘邦有这样一个如此可靠的小弟，对自身的成长发展有什么影响呢？从史料来看，两人拥有深厚的友谊，是铁哥们儿关系。但是深入分析，就可以发现这种友谊是一种不平等的关系。卢绾在刘邦面前就是一个俯首听命、完全交心的小弟，他在刘邦身边跑前跑后，一生跟从。而刘邦呢，俨然是一个大义凛然的带头大哥。刘邦的自信、领导意识、领导能力就是在与卢绾这样的跟班小弟的互动中形成的。这很符合发展心理学的研究发现，同伴对个体的影响是深远的，一个人小时候在同伴中的地位往往就是他长大后在人群中的地位。小时候是孩子王，长大就是领袖；小时候是跟屁虫，长大还是跟屁虫。

人们的思维和习惯深受过去经历的影响，受所扮演的角色的影响。如果人们终其一生都在一个人际圈中，一个固定的环境中，那角色更是难以转变。心理学家曾做过一个著名的监狱实验，来验证角色对人的影响。他们随机抽取一些人，分为两组，一组随机选择做狱警,另一组做囚犯。选择做狱警的人要按照规定来管理做囚犯的人。这样的生活过了几天后,实验人员发现扮演狱警的人,很快地认同了自己的工作,自信和权力控制感空前膨胀,甚至会使用暴力去对待"囚犯",而"囚犯"呢,也变得越来越没信心,常表现出逆来顺受的绝望行为。实验进行了一周,他们都已经深深地投入到了自己的角色中去了,忘记了这是场游戏。角色已经改变了人们的心理模式,假警察成了真警察,假囚犯成了真囚犯。实验的发展超越了实验者的想象,最终不得不终止。

人的性格、领导能力并非全是天生的,而是在社会角色中,在成长中,持续地形成、发展的结果。刘邦的生活,从童年起,在父母的积极期待下,在卢绾这样的小弟的影响下,领导意识和能力越来越强,以致于他最后把管理天下当作了人生使命。

早期的家庭环境和同伴关系影响着人的身份认同、人生使命,影响着命运的格局。人生的早年需要被重视,父母要超越俗风俗习,去培养孩子的高贵的身份认同。忽略他们的发展,任他们像牛羊一样散养生长是可悲的。

第五节 一颗包天的心

刘邦有一颗与众不同的心。这颗心大可以包天,小到可以绣花。

包天的心让他睥睨天下、视生死如儿戏,视人世如微尘。他可以大开大合、纵横捭阖,把世上的所谓的庄重的道德、不可逾越的礼仪,踩踏个稀巴烂。他到哪里都是一阵狂风,肆意地展示自己,肆意地扫荡,以一种无规则来席卷一切。

绣花的心让他善察人情,善度人心,能窥见各种细小的人情缝隙。如同柔风和流水,可以钻进一切,渗透一切,在内部瓦解,在内部控制,以一种超规则降服神鬼。伟大的政治家,绝对是伟大的心理学家。这是他们降服个体,驾驭人群的资本。

刘邦时代的各路英豪,无论是气势飘逸的张良,心思灵活的陈平，善于筹算的萧何，勇猛粗陋的樊哙，统策百万之师的韩信、英布等，他们的心可以包天的却不能绣花，可以绣花的却难以包天。所以，毛泽东曾说刘邦是"封建皇帝里最厉害的一个"。

他为什么就这样厉害呢，从哪来的这颗奇异之心？除了早年的经历和家庭影响外，一定还有其他原因。那就是他所在社会的主流文化的影响。刘邦的青年生涯处在战国末期，他的人生信念便在那时形成。战国时代流行什么思潮呢？非儒即墨。社会上的知识分子尊崇的是孔孟的学说，而草根群体尊崇的却是墨家之学，秦始皇所持的法家观念只是贵族小众的信仰。墨学在战国时代不是写在书本里的理论，而是渗透在普罗大众的组织和信徒。

墨家具有兼爱大同的追求，尊重普通民众的利益，提出"饥者得食，寒者得衣"的救世思想，渴望建立一个由贤才治理的社会。为了实现这个理想，墨家把维护公理与道义看作义不容辞的责任，提出"兴天下之利，除天下之害"的口号，主张"有财相分，杀人者死，伤人者刑"的法律制度（刘邦占领关中地区以后，约法三章恐怕就是源于这里），在用人上提出"不辨富贵贫贱，远近亲疏，贤者举而上之，不肖者抑而废之"，生活实践上主张团体捐献俸禄，颇像一种原始的共产主义。这样的思想对乱世里的下层社会非常具有吸引力。所以，才出现"墨子服役者百八十人，皆可使赴火蹈刃，死不旋踵"。

由于没有自己的根据地，没有大规模的军队，又主张兼爱非攻的工作方法，所以墨家没能建立天下一统的社会。但是这种思想影响后世深远，侠义文化从中产生了。刘邦早年生活在战国末期的魏国，魏国更是盛行侠义之风，信陵君魏无忌就是代表人物。《史记》上记载："汉高祖刘邦当初地位低贱时，就多次听别人说魏公子贤德有才。等到他做了皇帝后，经过大梁，常常去祭祀公子。汉高祖十二年，他从击败叛将黥布的前线归来，途经大梁为公子安置了五户人家专门看守坟墓，让他们世世代代祭祀公子。"侠客义士心怀墨学信仰，重义轻利，轻生忘死。年轻时的刘邦，所推崇的正是这样的信念。

如果理解了这点，刘邦生活上的超越落拓不羁就可以理解了。他拥有大志，所以不事生产。他的收入不多，却不爱好积累家财，见到乞丐和穷人还要周济一番。他经常在酒肆和一帮朋友饮酒高歌，醉卧在地上，也当作快乐。他欠了人家的钱不还，内心也没有惦念。他而立之年还不结婚，浪荡人间。他践踏世俗规则，人家吕老汉带着儿女来沛县避仇，大摆酒宴，要求客人出钱一千来贺，而他来时，号称贺礼一万，却一文不予。他游行帝都，看见始皇的风采，感叹大丈夫生当如此雄风。看管的囚徒跑掉时，他不去追逐，反而和他们一起亡命天涯。乱世之中，百姓奔到山里保命，他却看到时机，攻城造反。被人追命时，他一脚踢下同车的子女，轻装逃命。项羽要烹杀他的家人，他戏谑地喊道："分我一杯羹"。他的小气的嫂嫂也要求给儿子封侯，他抛出一个"刮羹侯"。

而从古代到现代，很多人没有看透这一点，他们仅仅把刘邦看作一个普通农民，一个流氓，一个小小的亭长，而没有理解他身上的侠义文化。非凡之人，必有非凡之心。从心去理解人，从心形成的过程去理解人，从信仰与信念去理解人才是认识人的根本。刘邦就是这样一个有着墨学之心的人。

此外，刘邦的成功还和一个年轻人有关系，这个人是激励他奋发的导火索，是他创业的榜样。他的王朝为这个人立碑立庙立传，世世代代感恩。这个人就是陈胜。

第六节　失败的励志哥

这是一个典型的悲情创业的故事，一个人生管理失败的故事。

公元前209年，嬴政刚刚去世，亲信大臣李斯和赵高篡改诏书，逼死了太子扶苏，共同拥立了小儿子胡亥做了皇帝。胡亥没有父亲的优点，却把父亲的缺点发挥到极致，继续大修工程，继续招募扩疆战士，向南北两方用兵。在大秦帝国的东部腹地，一个叫大泽乡的地方，今天安徽的宿州境内，出现了一支900人的小队，这支小队艰难地行走在滂沱的大雨中，他们要远赴两千里之外的渔阳去防守匈奴。不巧的是，天降大雨，行路缓慢，延误了部队的行程，他们不能按照上级的命令及时赶到目的地。按照秦朝的法律，他们这是犯了死罪，要杀头。杀谁呢？应该不会把队伍里的所有的人都杀掉，按照军法传统，当会杀掉负责的头儿。这支队伍的头儿是谁呢？两个刚刚参军的青年农民，一个叫陈胜，一个叫吴广。陈胜是正队长，吴广是副队长。

两个农民兄弟，在中原腹地已经辗转步行了几百里，还梦想着战场上立个大功，封个爵位，博得富贵，封妻荫子。可人算不如天算，一场大雨，不光让梦想泡了汤，就连脖子上的人头也不能自然生长了。两个队长，思来想去，感觉非常不幸，在死亡的逼迫下，他们最终找到一个方法：造反。反了，天下苦秦久矣！造反兴许能闯出一片更大的天地。

但是这件事要是放到普通人身上，可能会有不同做法：第一种就是认罪受死；没有谁愿意等死，可是逃跑会犯连坐罪，会被灭三族。第二种就是逃路保命，人各有命，先保了自己的小命要紧，脑子一热，父母兄弟也撂到一边去了。但是这件事降临到陈胜、吴广的头上，偏偏有了第三种方法，造反。他们竟然要造大秦的反，巍巍大秦，万里之国，百万将士，势同山岳。而他们六国贱民，天生劳苦的奴隶，他们的肉身之躯力气再大，无非只能搬动一块百斤的石头，锄得几亩山野农田。强大的秦国，他们反得了吗？想想六国君主在世的时候，他们联合起来都不是对手，他陈胜与吴广能创造什么奇迹呢，这不是蚍蜉撼大树，螳臂挡驰车吗？可是，历史不是理性能完全把握的，陈胜也不是常人所能理解的。

陈胜的老家在秦朝的陈郡，他的祖先是陈国人，为了纪念先祖，后人遂以国为姓。陈国被楚国消灭后，陈人自然就成了楚人。陈胜家族属于亡国后裔，不大可能被楚国大用，因此，祖上几代可能都是楚国的奴隶。时代变化，秦又灭了楚，这时的陈胜又成了楚国的遗民。陈胜长大后，身强体壮，志向远大，这么好的条件，不能驰骋疆场，追逐富贵，却像一头老牛在地里被人鞭打役使，陈胜感叹愤恨命运的不公。某天，太阳高照，湿气升腾，正是暑气正盛时刻，富贵人家在树荫下摇扇嫌热，陈胜和伙伴们却在田里扒土不止。此景此情，陈胜又累又气，把锄头一扔，往田头一坐，对周围的人说道："咱们大伙儿，以后有谁富贵了，可别忘了一块吃过苦的兄弟啊。"有人听了觉得好笑，说道："你是一个贱民，活着都不容易，又哪来的富贵？"陈胜感叹一声："唉，燕子麻雀怎能理解大雁雄鹰的志向！"

这么具有向上精神的青年，怎么能被一块土给绊住脚呢？在那个时代，一介贫民，要想取得富贵，或许只有一条路，那就是从军立功。秦法规定，杀死一个敌人就可加封官爵一级，这对于下层优秀青年陈胜充满了诱惑力。尽管上了战场很有可能被人杀死，但是求富贵心切的他决定搏命。所以，一听到有招兵的消息，他可能就争先恐后第一个报了名，可能由于参军积极，还被任命为队长。身为队长的陈胜真是把这个小官当回事儿了，那自然是做事谨慎认真，对人不敢马虎，要求甚严。那时的陈胜觉得富贵美梦真是伸手可摘了。谁曾想，会有这一场丧命的大雨呢？还没有见到富贵的一根毛，就这么委屈地死了，真让人不甘心。

天生陈胜，热血青年，一心追逐富贵，从不曾低过头，可是上天竟然不给半点机会，这算是什么样的上天！陈胜，在那个大雨之夜，回想着往昔的苦日子和铁水一样火热的理想，在一阵咬牙切齿地冷笑后，他决定拼了，鱼死网破，也很好嘛！

可是并不是所有的鱼都这样想，劝动大家一起行动绝非易事。陈胜和吴广偷偷地去问了那江湖经验丰富的占卜老人。老人知道他们的意图后，说道："自古以来，圣人治国以鬼神服众，你们问过鬼神了吗？"两人一听大喜，原来圣人是这样管理人心的。于是，二人找了个偏僻的地方，交头接耳，秘密谋划，弄出了三条计策。

第一计，鱼腹藏书。两人以朱砂为笔在一块白绸上写了"陈胜王"三字，折叠好了，悄悄地塞进一条大鱼的肚子里。士兵们买鱼回来煮着吃，鱼肚破而帛书现，众人大感奇特，难道天机密示，陈胜要当王了？哪个陈胜，是队长陈胜吗？各个心怀蹊跷。

第二计，夜狐预言。陈胜又让吴广深夜潜伏在驻地不远的一座破庙前，深夜里点起篝火，学着狐狸嚎叫的声音，低沉地表演着口技，"大楚兴，陈胜王"。为何是大楚兴呢，"楚虽三户，亡秦必楚"，楚国人最恨秦人,而这批落难的士兵全都是被秦灭国的楚人。诡异的声音一阵阵传来,这群楚人议论纷纷,指指点点,原来要当王的真是身边的这个哥们儿,顿然觉得陈胜多出了几分神秘。

第三计,激将杀敌。吴广一向关心他人,在士兵中间很有人缘,很多人愿意为他效劳出力。趁着押送队伍的县尉喝醉了酒,吴广故意扬言要逃跑,这激怒了县尉。县尉破口大骂吴广,污言脏语倾泻而下,沾群带众,激怒了吴广的哥们儿。那县尉又鞭打吴广,还拔出佩剑恐吓。吴广看他醉得东倒西歪,夺下他的剑,刺了过去。陈胜一看机会到来,也扑上前去助战。两个县尉很快被他们解决掉了。

三条计策都很成功,这时的陈胜,热血涌到脑门上,一跃而登上高台,振臂大呼道:"兄弟们,人活着都是来追逐富贵的,可是,咱们兄弟们的命不好,现在又偏偏遇上了大雨。已不能按期抵达了,而误了期限他们就要杀人,即便侥幸不被杀,防守边疆也是十之八九要送命。好汉不死便罢了,要死也得为大名声而死啊!王侯将相,宁有种乎!"(陈胜或许也受墨家学说的影响,墨家有句话叫"官无常贵,民无终贱"。)一番演说后,群情激昂,个个摩拳擦掌,造反的呼叫声响彻荒野。

士兵们揭竿为旗,斩木为兵,兵锋直指"大泽乡"。首战即胜利,陈胜又施展一计,"拉大旗作虎皮",以扶苏、项燕之名号召周围的百姓。扶苏是被陷害而死的秦国太子,项燕呢,是战死在沙场的楚国名将,扶苏和项燕能扯上什么关系呢?可是,在信息不发达的战国时代,又有几人晓得真相呢?既然是扶苏和项燕的队伍,那规模和能量应该非同一般。

秦朝末年,浩大的建设工程四起,征战蛮夷的战争不停,这两件事折腾得天下不宁,遍地都是家业败落心理煎熬的百姓,哪还能过安稳日子?听说有人开头闹事了,那还不是心里一千个爽,口里一万个赞。陈胜的起义,真是应者如雨,响者云集。不长时间,就聚集了几万人的队伍。他们攻城略地,势如破竹,真是无往不胜。义军很快就攻下了陈城,陈城历史上是陈国的都城,也是旧楚的偏安之都。那个时刻对陈胜来说,真是百感交集。没想到作为陈姓后人,把故乡从秦人手里收复了，陈国复国有望了。这对于陈胜来说，意义重大。他决定在陈称"陈王"，并以陈城为首都，建立了政权。安稳下来后，继续大力募兵，壮大队伍。又深远谋划，派勇冠三军的武臣、周文、吴广、田臧等指挥各路义军，东征西讨，南征北战，展开了灭秦战争。而他自己身居陈都宫殿，遥控部属，等待胜利。

成为帝王之前，陈胜可谓天天在想着怎样取得富贵，可如今这富贵真的就实现了。但是他怎样才能保有这来之不易的富贵呢？荣华富贵，得之难，守之难，失掉却很容易。

这个年轻人，命运的暴发户，凭着热血勇敢，圆了多年梦想，可是梦想该怎样持续呢？就如同一个刚刚考上大学的孩子，他在轻松的氛围里，在家人的鲜花与掌声中，迷失了人生方向，不知道该如何处置这到手的梦幻了。在迷乱之中，他杀掉了来投靠的难兄难弟，忘了田头上那一番"苟富贵勿相忘"的英雄豪言了。在迷乱之中，他听信谣言，杀掉了兄弟吴广，真可谓一错再错，人心渐渐离他远去。机遇在他的迷失中溜走，时局在他的迷失中变幻。某天，陈胜在舒服的温柔梦乡里被吵醒，听到报告，他一身冷汗。武臣的北伐军叛变自立了，周文和田臧的西路军败于秦将章邯，二人都已战死殉国。目前，章邯正率领几十万囚徒大军，一路猛冲，朝陈都杀来。慌乱之中，陈胜只得收拾残兵败将，抛弃陈都，避开势不可当的秦军。在逃奔的半路，他平时最信任的马车司机庄贾却奸心深藏，趁他不备，一刀砍了他的头，提到秦军大营领赏去了。陈胜在秦二世元年七月起义，被杀时在二世二年腊月，天下首义才半年的时间而已。呜呼，哀哉！一介热血青年，突然崛起，突然丧命。为什么这般戏剧性呢？

陈胜成功的内在原因在于有一股与众不同的力量，追求富贵的动机强。其次他热血勇敢，敢于冒险拼命，另外智力也比一般人强，他的几个服众的方法不是常人所能设想的。他之所以能从做苦工的人，成为士兵的领袖，成为陈王，就是靠着这些优势。而他的失败在于丧失一马争先的斗志，沉浸在温柔富贵之中，不再向前奋力斗争了。同时，他是第一个起事的人，遇到的阻力和打击最大，面临的困难最多。以一颗沉浸富贵中的心来应付排山倒海的困难，他怎么会成功。

通观历史，第一个起事的人，往往不会有好下场。毕竟，保守的力量强大，现状不是那么容易改变。

陈胜起义把刘邦的家乡闹得大乱，并激励刘邦从山里跑出来，号召乡民，攻下了家乡的县城。从这一点来说，陈胜不光救了刘邦的性命，还给刘邦指出一个新方向。身边之人的榜样示范的力量就是这么大，刘邦从"王侯将相，宁有种乎"的陈胜身上发现了人生的潜力。陈胜被杀后，还被安葬在刘邦落草的山里，刘邦距离这位榜样哥如此之近。或许，刘邦多次去吊唁过陈胜，在他的墓前，刘邦敬佩感叹之余，也有着深深的思考吧。刘邦羡慕这个年轻人的事业，感叹这个年轻人的结局。陈胜的起事、成功和失败，对他来说就是最好的教科书。陈胜没有成为永悬天空的太阳，而只是一颗刺目燃烧的流星，划过秦国漆黑的天空，落下时把大秦大地砸了个深深的坑。

等刘邦建立大汉天下后，内心对这位兄弟不胜缅怀，他大修陈胜的陵墓，派十户人家给他守陵，并在一些地方为他建立香火庙宇。史学家司马迁在书写陈胜的传记时，把陈胜列在"世家"第十八名的位置。什么叫世家呢？王侯开国，子孙世袭，爵位封邑世代相传，才能称作世家。看来，西汉人普遍对陈胜是感激并敬仰的。而不像大多数当代人所认为的陈胜只是一个突然崛起的草莽，只是一个权力暴发户。

第七节　攻心者得天下

陈胜起义成功后，刘邦也跟着起义了。刘邦起义时已经 47 岁了，智慧已经修炼到相当成熟的状态。他受到草根英雄陈胜的激励和影响，而他做人做事的方式与陈胜却是很不同的。陈胜是那种脑门一热，振臂一呼，猛冲猛打，急切地要做王侯将相型的急先锋，勇多谋少，势如烈火，来得快，去得快。而刘邦起步时，已经在俗世里挣扎了近 50 年，虽然同样是一颗热烈的英雄心，但是他有更大的气魄，更强的耐心，更稳的方略。

陈胜首义后，不满大秦的各地英雄豪杰纷纷起义，天下大乱。沛县县令感觉秦朝大势已去，也决定起义，响应陈胜。但是县令的下属萧何却进谏说："您是秦朝的官员，您起义老百姓怎么能相信和听从呢？我建议把山里流亡的刘邦那伙山贼招回来，用那群山贼来胁迫老实的百姓，到时谁还敢不听您的命令？"这县令如同东汉的大将军何进一样，为了除掉内部的敌人，却要引如狼似虎的董卓入京。董卓率领边军入京，乱了东汉天下，使东汉灭亡。而沛县县令呢，引得山大王刘邦入城，丢了城池和性命。

这种"引狼入室"的谋划，萧何本是为自己和好兄弟刘邦打算的，可县令大人却没有看出所以然来。天下大乱，善于谋划的萧何早判清了历史发展的趋势。天下民情汹涌，秦朝大厦将要倒塌，不顺从时代潮流的话，决不会有什么前途，起义是必须的。可是，去归附其他的义军还是自己带头起义呢？当时天下有几股势力，他可以选择去投靠一家。但那恐怕只是为他人作嫁衣裳罢了。自己带头起义的话，又感觉魄力和实力都不够。盘算很久，萧何觉得与人合伙创业是不错的选择，这样能做到扬长避短，发挥彼此的优势。他萧何做不了一号人物，可是做个二号还是绰绰有余的。一号人物是谁呢，萧何觉得县令不是那块料，而那个平日里就大气磅礴的刘邦，萧何早就相中了。

刘邦在县令大人的号召下，带领着山贼们来了。等到了城下，县令这才发现这帮贼众不光人多，个个凶悍好战，自己压根儿就驾驭不了。县令心怀恐惧，不让他们进城。而对于萧何和刘邦来说，已经兵临城下了，哪还有无功而返的道理。刘邦与兄弟们决定攻城。一切战争，攻心始终是上策。他命令往城里射箭投书，书中写着："天下大乱，我们这些逃亡在外的家乡子民，回到这里，是为了解乡民于倒悬，救苍生于水火，只要你们交出无道大秦的县令，我们一定秋毫无犯，与乡亲们共同守卫家园。如果你们不识大体，为县令出力，到城破之时，休要见怪。"城里的百姓接到这样的信息，再加上萧何的鼓动，纷纷起义，杀死了县令，迎接刘邦入了城。刘邦没有费一兵一卒，起义首战胜利。这就是心理大师刘邦最常用的一招，无论对个人、群体，还是天下百姓，他都坚持"攻心为上"。典型的还有那垓下之战时，用到的"四面楚歌"之计。攻心则得心，得心即是得天下。世上成功的英雄豪杰，大都善用此策。

占领沛县之后，凭实力和名望都该由刘邦当老大。与他一起流亡的那些亡命之徒们，更是要热切地推举他。但是，这时的刘邦却不像陈胜那样，急切地去争做领袖。他说道："如今正当乱世，诸侯纷纷起事，如果安排领袖人选不当，我们将一败涂地。我并不顾惜自己的性命，只是怕自己能力小，不能保全父老兄弟们。谁来做领袖是一件大事，希望大家谨慎对待，认真推选出一位能胜任的人。"他刘邦难道真的不想做这支义军的老大吗？恐怕他早就梦到这一天了。只是，为了获得人心，他要以退为进，化被动为主动。这样，既可以降低人们的嫉妒之心，又可以在得到权力后名正言顺地去做事，既符合礼节，又符合人情。

人心就是如此，你越大喊大叫着想要的，你越得不到。你追得越紧，它就显得越贵重，跑得越远；当你沉默下来，准备放弃时，它却要忙着寻找买家，主动下贱送上门了。刘邦的虚伪谦让，让他稳稳地做了老大。他的本心是要争，并且要大争的，但是通过"不争之争，不斗之斗"而实现了目的。这就是老子在《道德经》里所说的"唯有不争，天下莫能与之争"的道理吧。

第八节　赢在大盘的棋手

人生的争战如同下一盘围棋。尽管起先抢占的那个角落很重要，但是把所有的能量放在那里纠缠，而没有往更广阔的空间探索，那么他仅有的那个角落也将要归敌手所有。刘邦人生前半期的曲折经历，磨砺了他的耐性，更培养了他的远见。什么叫远见呢，就是一种眼观大局和未来的能力。而陈胜尽管勇敢，却短视。他占据了故乡陈都就立刻称王，有人向他提出"晚称王，都咸阳"的建议，这样就能充分在政治上获得六国遗民的人心，在军事上占据战略要地，他却弃之不顾。项羽呢，更是勇冠三军，天下第一勇士。早期扶持楚王后裔，得了人心，但天下未稳，就自断脉络，废楚义帝，又失去了人心。在谋士范增的极力反对之下，他却坚持把都城定在东部的彭城，犯了和陈胜一样的致命失误。天下未稳，立都于四面临敌且无险可守的中原之地，他们如何能不败。

而刘邦面对乱局，分析各种影响因素，在博弈的关键时刻，做出了最好的选择。下面这几件事情最能说明他的这种素质。一是群雄之中，率先取关中；二是谋划做汉中王；三是立都关中，征服天下。这三件事做好了，他才在群雄逐鹿中胜出。当然，很多高明的战略不是他一个人苦思冥想出来的，是麾下人才集体智慧的结果。可是，只有在自身具备远见的能力下，他才能在各种建议中择优而定。

首先来看他"首攻关中"的政治得益。当时秦军的主力是河北的章邯部队，秦军关中力量相对薄弱。正当项羽艰难进攻河北秦军时，刘邦避实入虚，直指核心，攻击关中。当时楚义帝打出"首先破秦进入咸阳者可以称王"的口号，很多起义首领都知道，但是去做的只有刘邦。项羽拼死打败了河北的章邯大军，而刘邦不费兵力，取了大秦都城咸阳，接受了末代帝王子婴呈上的传国玉玺。此外，他还得到大量的人口、户籍、山川地图资料，掌握了天下人文地理机密。他一战扬名天下，获得了日后争霸中国的政治声誉；占据了关中，增强了他的自信，刺激了他的野心。在未占据关中之前，他只是一支普通义军的首领，看不到明确的政治前途，占据关中后，他想到称王称帝。

在关中帝都，刘邦接纳了投降的旧政府，并大力收揽民心。从前，秦朝治理百姓法律烦琐，政令苛刻，大失民心，而今他与百姓约法三章：第一，杀人者死；第二，伤人抵罪；第三，偷盗抵罪。执行简政治国思想，使困顿的百姓顿然对他生出无限好感。而项羽却反其道而行之，大军赶到关中后，立即施行恐怖政策。"楚虽三户，亡秦必楚"，他要为祖父项燕和被秦军杀死的十数万楚国健儿复仇。他激情之下，杀人、掘坟、烧宫、毁城，完全没有想到民心所向，也没有考虑到以后的政治管理需要。关中地区被他搞得山河失色，人心不在。当有人向他陈述立都咸阳的好处时，面对眼前的破败景象，他也只能回答"富贵不还乡，如锦衣夜行"。报了大仇的项羽，就牛驮车载，带着大量的珠宝、黄金、美女回到楚国旧地去了，关中的权力空地为他人准备好了。

再来看刘邦"谋划做汉中王，立都关中"的长远眼光。当初，同在关中之时，刘项互不信任，矛盾很大。而刘邦的势力远远不如项羽，硬拼只有死路一条。当项羽请他鸿门赴会时，他依据项羽爱好虚名的心理弱点，参加了鸿门宴，恭维讨好，取得了项羽的谅解。项羽离开关中后，又迷惑项羽，贿赂项羽的近臣，使项羽安排他做了汉中王，为未来打好了算盘。进入汉中时，刘邦又玩起了"烧毁栈道，不再回头"的把戏，项羽不再怀疑。等刘邦入了汉中，真是猛虎归山。这里，远远避开了项羽的控制圈，可以休养生息，静观时局，等待契机。更有利的是，天下的枢纽——关中就在眼前，如同猛虎嘴边贡的一块肥肉！

霸王政权初定，在利益分配上出了问题。东边的齐国首先造反，项羽只得率军平叛。趁此机会，刘邦从汉中出发，重新攻占关中，占据了整个三秦之地，然后纵兵向东发展，以50万大军，直击项羽的老巢彭城。项羽狼狈之中，回兵彭城防御，虽然取胜，但是明显暴露出重大的战略失误。齐楚大战，楚汉大战，天下诸侯都借机生事。虽然项羽拥有中央的九个大郡作为基地，有着当时机动能力最好、战斗力最强的骑兵，但是四面八方的奔波折腾，就是天上的神兵也得累趴下不可。项羽的大军逐渐被各路诸侯军给拖弱，拖疲了。最后的时机到了，刘邦集结重兵，在垓下一举包围了项羽主力。大楚军队突破不出去，又无援军支持，结局只能是围歼败亡。刘邦又上攻心计，四面楚歌之下，项羽留下美人宝马一叹，在一声"非战之过也，天亡我也"的悲声中，乌江自刎，身亡国灭。刘邦战胜项羽之后，采纳了"立都关中"的建议。关中地理位置险要易守难攻，又有巴蜀天府之国的资源相助，从而立于不败之地。

刘邦思虑长远的特点不光体现在"首攻关中"，"汉中做王"和"立都关中"三件事上，还表现在应对匈奴和休养生息的治国方针上。西汉初年，中国大地连年内战，已经是百业凋敝，人口稀少，民不聊生。如果再和刚刚崛起的匈奴发起一场大战，等于自乱其国。对匈奴和亲，抓紧恢复生产和民力，才是维持国内稳定，战败匈奴的长策。休养生息之下，西汉很快地强大起来，在汉武帝时，终于击溃了匈奴，取得了"四方威服，八方来贺"的国际名声。这是西汉历史得以绵延200多年的大策略。

谋划未来，才能预见未来，才能做未来的主人。世界首富比尔·盖茨在他上大学的时候，就深知未来几十年电脑会走进千家万户，会成为人们的生活必需品。于是，他从哈佛大学辍学，全力做软件。微软成了软件行业的霸主，比尔·盖茨成了世界的首富。后来他写了《通向未来之路》一书，说明他成功的原因。而深陷小情小利之中的众人，不去朝这个方面努力，把精力耗费在狭隘的方寸之域，谋划着眼前的丁点儿利益，杀得头破血流。结果，错失了天下大盘。这样的人千千万万，包括现在的你和我。

第九节　阵前有急智

斗争应该立足于仁德，以仁德为目的，但依靠仁德规则作为具体的手段不能胜利。

兵法大师孙子讲"凡战者，以正合，以奇胜"，法家大师韩非说"繁礼君子，不厌忠信；战阵之间，不厌诈伪"。经不起欺诈，玩不起欺诈的将军不是优秀的将军。

春秋时代，宋国的国君宋襄公想图霸天下，图霸天下的方法是什么呢？行仁义战争。古书上说，商纣王不行仁义而亡国，武王行仁义而立国，根据于此，宋襄公提出仁战原则："一、临大事不忘大礼；二、不攻击受伤的敌人；三、不捉拿头发花白的敌军老兵；四、不阻敌人于险隘中取胜；五、不主动攻击尚未列好阵的敌人。"宋襄公这位贵族英雄，在气节上令我们敬佩。但是他混淆了目的与手段之区别，执行有面子有气节的战法，只能是主动找死。当他与楚军在泓水开战时，再三礼让，等待敌人一切妥当后发起了攻击，结果，其精锐禁卫军全为楚军所歼灭，宋襄公本人因为大腿受了重伤而死。毛泽东评价他道："我们不是宋襄公，不要那种蠢猪式的仁义道德"。

所谓的"以奇胜，行诈伪"，是根据现象与本质的内在关系，通过造就假象，来迷惑对方，使对方对形势产生某种虚假认识，产生错误的行动，从而达到自己的目的。在中国历史上，勇猛善战的帝王多，深谋远虑的帝王多，以欺诈机智闻名的也很多。中国的帝王史上，齐桓公、郑庄公、曹操都以机智闻名，刘邦更是其中的佼佼者。"假扮使臣夺权、封韩信为王、抱脚骂敌"三件事足可以说明他的欺诈之能，手段之灵活。

假扮使臣，巧妙夺权。楚汉大战期间，刘邦屡战屡败，几度陷入绝境。一次，楚汉又在黄河岸边开战，楚军把汉军数次分割绞杀，刘邦身边的卫士死伤殆尽，只剩下昔日家乡的兄弟夏侯婴跟随他前后，真是命悬一线。这时的刘邦，真如猛虎离山，蛟龙出海，完全失去了依靠。这时，一个普通的士兵就可能把他杀死，一个陷坑就可能要了他的命。看看周围，他能依靠的只有离他最近的韩信的势力了。可是，他对韩信又不是完全信任，如果韩信知道了目前的困境，韩信会不会杀了他，或者挟天子以令诸侯，把他囚禁在军中呢？那只需要几个刀斧手埋伏在营房，刘邦的政治生涯就可能结束了。

刘邦要依靠韩信的军队，可是又不能让韩信占据先机。他想出了一条妙计。当天，天还没亮，刘邦和夏侯婴飞马直奔韩信大营，假扮汉军使臣，高呼让道。这个时候，韩信还没有起床，刘邦就冲进他的办公室，夺取了印信和兵符，用军旗召集旧日的将领。将士们一看是主子亲自来了，自然纷纷拜倒。等韩信明白后，刘邦就已经控制了他的大军。于是刘邦军威又振，继续与敌人交战，得以起死回生。

封韩信为齐王。刘邦可谓韩信的克星，在与韩信的交锋中，他的欺诈能力总能超常发挥。军队被夺后，韩信凭着自己的能力，又整出了一支大军，并且很快平定了齐国。回味过去的遭遇，他觉得很不爽，就给刘邦写信要权力："齐国人狡诈多变，反复无常，南面的边境与楚国交界，不设立一个代理的王来镇抚，局势难以稳定。为有利于当前的局势，希望允许我做个代理齐王"。刘邦打开书信一看，勃然大怒，骂道："我在这儿被围困，日夜盼着你来帮助我，你却想做代理王！"这时，韩信的使臣就在旁边等待，张良、陈平暗中踩刘邦的脚，暗示刘邦，如果这时不册封他为王，齐地就可能发生变乱。刘邦立刻醒悟，灵机一动，就接着上面的话茬儿道："身为大丈夫，平定了诸侯，做王就该做真王，何必做个代理的！"韩信功高震主，现在又邀功封王，可能是逆反之心显露，刘邦不得不赶快处理了。他派遣张良前往，一面册立韩信为齐王，一面征调他的军队攻打垓下的楚军。韩信被剥夺了大半实力。后来，刘邦以"云梦泽狩猎"为名，又使一个欺诈之计，来到韩信的封国，在韩信参拜时，用两个军士控制了他。

抱脚骂敌稳军心。刘邦和项羽楚汉大战，一时势均力敌。二人常隔着一条土沟对话。三十而立的霸王气不过刘邦的背叛，要和五十来岁的刘邦武力单挑。刘邦不由一阵大笑，骂道："你项羽有十项大罪，还有资格和我单挑！"然后，高声痛斥项羽的十大罪恶，痛斥项羽的各种残暴不仁。项羽非常愤怒，埋伏弓箭手射击刘邦，一箭正中刘邦胸口。交战之际，大军领袖一旦出了问题，谁还会一心效劳，军心必定大乱。且看这时刘邦如何反应，只见他突然弯腰，抱起了自己的脚，大喊道："这厮射中了老子的脚趾头！"一场要到来的大风波被他轻易化解。

刘邦的这个表演让人想起了春秋时期的霸主齐桓公。当年，齐桓公还是那个公子小白，他的父亲齐襄公死于内乱，公子小白和兄长公子纠还在外国，得到消息后，二人匆忙回家。国家不能一日无主，先到家的就会得到继承权。那公子小白和公子纠两兄弟真是赛跑一般归家如飞箭。不巧的是，两人竟然在路上相遇，不免一场拼杀。公子纠的部下管仲异常勇猛，一箭射中了公子小白，但是机缘不巧，箭射到了腰间的带钩上，并没有伤害到性命。可是只见公子小白双手捂胸，咬碎舌头，口吐鲜血倒地而"死"。一个小计，骗过了管仲和公子纠，使他们放慢了回家的速度。而公子小白却星夜疾驰，第一个回到了家，继承了国君之位，最后成为一代霸主齐桓公。齐桓公是假装重伤而死，刘邦是身负重伤而扮无事。能够称霸称帝，都是靠真功夫啊。

第十节　待人以威，赏人以实

几百年前，意大利有个研究皇帝的专家名叫马基雅维利，他写过《君主论》一书。马基雅维利认为，要做皇帝得能服众。世上有两种人可以服众。让人爱而尊敬的人和让人怕而不恨的人。做一个让人爱而尊敬的人，需要个人魅力非常之高，品行特别超俗才行，这个条件是常人难以达到的。翻开史书看，只有那些极富传奇色彩的宗教领袖做到了。其次的选择是做一个让人怕而不恨的人。怕又不能怕到恨的程度，怕会产生服从，恨就会反抗。对比两者，马基雅维利说，只有做一个让人怕而不恨的人才更易操作，切实可行。

如何让人怕而不恨呢？刘邦没有可能读到《君主论》，但是他践行了马基雅维利的主张。刘邦这个人气势粗犷，看似粗心莽撞，实际上是个人精，世间少有的人际高手。如果把做人的技术比作下围棋的话，那他刘邦就是"入神"级九段高手。刘邦对人的本性有深刻的洞察。人们爱仁慈的人，但"人善被人欺"，所以一般人常常最不尊重善良仁慈的人。人们怕凶恶的人，俗语说"鬼都怕恶人"，虽然人们不喜欢恶人，但是常常畏惧他们，有时还因此尊重他们。那些常对人开口微笑七分含情的人，世人说他软弱可欺，那些常对人冷眉横目跋扈张扬的人，世人说他威武可惧。

所以，刘邦的举手投足之间尽显凶猛一面。在起义前，他不爱生产劳作，狐朋狗友无数，酷爱饮酒，欠账不还；经常与人闹矛盾，喜欢打官司。这些行为都让人觉得他是一个难缠的角色，使人害怕。可是，如果是追求让人怕，一般的街头混混就能做到，但是刘邦却让人怕到感恩于他，这是一般人难以做到的。怎么做到这点呢？他用恶行侮辱让人们害怕，用施舍救助让人们感恩。而那些小混混一心钻营在自己的利益里，只能让人怕并且深恨，最后都被人给打败了。

他做平民时靠着此种手段建立了威望，起义后，对此手段的使用更熟稔。一些儒士来投奔他,他把别人的帽子摘下来,当面在里边撒尿,破口大骂。他是墨家的徒弟,儒学在他眼里显然无用,所以他敢于凌辱。楚汉之际的大说客郦食其求见他。他一面会客,一面让两个女佣给他洗脚。他不知道自己征服天下急需智囊吗,洗个臭脚有那么重要?有人说,刘邦有洗脚的习惯,我却说他的目的是彰显自己的粗鲁。他的目的就是让人怕他。郦食其看他这样,只是作揖并不下拜,刚说了一句话,刘邦就劈头骂一句:你这个腐儒!这样,让人怕的目的达到了。下面呢,他立刻撤了洗脚盆,把人请到了上宾的座位,向他赔礼道歉。郦食其用战国时代连横合纵的故事演说天下,分析时局。刘邦听后很高兴,又与他一桌进餐,礼遇有加。此后,郦食其为他广结盟友,奔波天下,为他战胜强敌立下了汗马功劳。

为了镇服英布,共同攻打项羽,刘邦的洗脚习惯又出场了。一代义军领袖英布到来时,他坐在床上,两个女佣在下面洗脚,他对英布爱答不理。英布真是怒火燃胸,后悔前来,走出营门,气得想要自杀。但是当他来到安歇的宾馆后,看见宾馆的装饰豪华,规格和刘邦的宫殿几乎一模一样。他的心安定下来了,他感觉受到了尊重。于是积极配合刘邦攻击项羽。

在平叛陈豨时,刘邦亲临前线。当时边疆穷地,人才稀少,将士奇缺。刘邦询问大臣:"这里还有能带兵打仗的人吗?"大臣回答:"只有四个。"刘邦让他们前来拜见。这四人到来,立脚还未稳,刘邦冲着他们一阵破口大骂:"你们这群混小子还能带兵打仗?"骂完后,立即封他们每人为千户将军。但是刘邦身边的人却不太明白,刘邦就给他们解释说:"我用紧急文告来征集各地军队,但至今仍未有人到达,现在可用的就只有邯郸一处的军队而已。我何必要吝惜四个四千户的封名,而不用它来抚慰这里的年轻人呢!"他抚慰人的方法就这样既粗鲁又有深意。

这就是刘邦征服人心的惯用方式,首次会见,先给一顿杀威棒,然后,"洗脚式接见""簸箕而坐""斥责谩骂"接连而上。一般人谁能想到初次相见就会有这样的遭遇,心生恐惧。但是,正当要产生痛恨时,刘邦却突然面目转换,在物质、等级、名号上给予大力的补偿，让人感到尊重。让人怕而不恨，这种怪招让刘邦征服了无数桀骜不驯的英雄好汉，在人群中建立了威望。

当然，这招有时使用不当，会激发人的反叛，带来相反效果。刘邦的大女儿鲁元公主嫁给了赵王张敖。刘邦有次路过赵国，张敖脱去外衣，戴上袖套，从早到晚亲自侍奉饮食，态度非常谦卑，很有做女婿的礼节。刘邦却席地而坐，伸开两只脚，像簸箕一样坐下（荆轲刺秦失败时，跌倒在地后就是这种坐姿，估计那个时候内衣裤还没有发明出来，这种坐法是对人的极大侮辱），大声责骂赵王，非常傲慢。这场景惹恼了张敖的心腹贯高、赵午，他们为了挽回主人的颜面，竟然要设计害死刘邦。如果不是及时发现，刘邦险些死在他们手里。

在楚汉拉锯战期间，魏王魏豹就忍受不了他的侮辱，借着混战时机，投降了项羽。刘邦派郦食其去劝他回心，魏豹并不买账，说道："人这一生，如白驹过隙，非常短促，如今他刘邦对人傲慢而侮辱，责骂诸侯群臣如同责骂奴仆一样，一点也没礼节，我受不了。"无奈之中，刘邦只得出动部队攻杀魏豹。

刘邦建立汉朝后，在洛阳南宫摆设酒宴大会，问道："各位王侯将领你们不要隐瞒，都说真心话。我之所以能取得天下，是因为什么？项羽失去天下，又是因为什么？"大将高起、王陵回答说："陛下傲慢而且好侮辱别人；项羽仁厚而且爱护别人。可是陛下派人攻打城池夺取土地，所攻下和降服的地方就分封给人们，跟天下人同享利益。而项羽却妒贤嫉能，有功的就忌妒人家，有才能的就怀疑人家，打了胜仗不给人家授功，夺得了土地不给人家好处，这就是他失去天下的原因。"

这就是刘邦身边的人对他的认识：他有一套两面手法，可以做到使人怕而不恨地为之效劳。

第十一节　以无为治有为

领导，最高的境界是"无为而治，以无为治有为"。

项羽"有为而治",导致了霸王别姬的悲剧。刘邦"无为而治",处处占尽先机,胜人一筹。刘邦是项羽的天生对头,项羽的优点恰是刘邦的缺点,项羽的缺点恰是刘邦的优点。从何说起呢?在性格上,项羽自诩贵胄之后,有着较深的贵族情结,讲究节操和规格,拥有"骑士精神",总觉得自己是完人,人中豪杰,一个人能抵一万人,无须借力,这种人常让人敬而远之。而刘邦呢,处处以"酒徒"的姿态出场,不顾礼法,不讲规矩,一位狂者,一位大老粗,却能给人以平易之感。由于两人对待人的方式不同,刘邦的粉丝在数量上和质量上都要优于项羽。除了性格影响了两人的命运,最重要的还是知人用人的智慧。所以,老子说:"知人者智,自知者明,胜人者有力,自胜者强。"

刘邦有自知之能,承认自己是一个有缺陷的人,他的特长只是善于管理大才,所以他不专权不擅长的事务。他曾说:"运筹帷幄之中,决胜于千里之外,我比不上张良;镇守国家,安抚百姓,供给粮饷,保证运粮道路不被阻断,我比不上萧何;统率百万大军,战则必胜,攻则必取,我比不上韩信。这三个人都是人中的俊杰,我却能够使用他们,这就是我能够取得天下的原因所在。虽然项羽有一位范增却不信用,这就是他被我擒获的原因。"

刘邦有识人之能,所以他安排的工作,人岗匹配合理,大臣、将军、谋士"位得其人,人尽其才"。刘邦临终遗言也证明了他的这项特长。刘邦大病,生死弥留之际,吕皇后向他求助人事安排,问道:"萧何相国之后,谁来接替相国职位呢?"刘邦答:"曹参可以";吕后又问"曹参之后是谁呢?"刘邦答,"王陵,但王陵智谋不足,可以由陈平辅佐。陈平虽然有智谋,但不能决断大事。周勃虽然不擅言谈,但为人忠厚,日后安定刘氏江山的肯定是他,要用他做太尉。"刘邦死后,西汉前期的人事制度就是如此安排的。萧何死后,曹参上位,曹参很好地延续了休养生息的国策,正所谓"萧规曹随"。曹参死后,王陵上位,王陵维护刘姓皇权忠心耿耿,直至被吕后废去。王陵之后,陈平上位,陈平做丞相时联合忠厚的周勃灭掉了吕姓,刘姓天下得以稳稳地迎向未来。

刘邦有服人之法。只有做到征服人心，才能够放心任用。晚清名臣曾国藩提出他选拔将领的五个条件：智、信、仁、勇、忠，这个"忠"非常显眼。没有忠诚，将领的素质再优秀，也会成为自己的敌人。一只做国王的羊，招聘了一个狼大将。这只狼能打能杀，武功超绝，但是狼将军很快就会把羊国王赶下台，自己坐江山。要想坐稳江山，不应该只想着四处寻找人才，更应该想到如何驾驭人才。驾驭不了的人才，那就是最大的敌人。怎样能让人忠于自己呢，只有征服了人心，才能获得忠诚。如上一节所讲，因为刘邦会一套"让人怕而不恨"的招数，封赏功劳时不吝啬权位和物质。他一旦看对了人，使用时就很大胆泼辣。不管出身来历，不吝啬高位、金银。在拜韩信为大将军的时候，韩信并未立下什么功劳，仅仅是萧何推荐的一名下士。可是刘邦信任萧何，也看准了韩信。于是选择良辰吉日，开展拜将仪式，斋戒、设坛，一切都布置得极其隆重，手下的将领还以为自己要拜大将了，那是兴奋异常。等到仪式开始时，发现竟是没有尺寸之功的韩信，全军都很惊讶。后来，韩信做了齐王后，谋士劝他独立发展，与刘、项争天下。韩信回答说："我曾经跟随项羽多年，只不过是个郎中职位，一名执戟的战士。我的话没人听，计谋没人用，所以才离楚归汉。汉王刘邦授我上将军印，让我率数万之众，脱衣给我穿，分食给我吃，对我言听计从，所以我才有今天的成就。汉王如此亲近、信任我，我背叛他不会有好结果的，我至死都不会背叛汉王。"可以说刘邦的用人举措，基本征服了韩信的心。

刘邦对大才陈平的管理也是如此。陈平从项羽军中裸身逃出，面见刘邦，两人纵论天下大事，十分投机。刘邦立即封陈平为都尉，兼任自己的御车参谋（参乘），同时监护全军将校。这一下引起了其他将领的不满和嫉妒，纷纷造谣，说陈平见风使舵，品行不端，贪图贿赂，与嫂通奸。刘邦带着将领的疑问，当面询问陈平，看到陈平回答得体，才能非凡，力排众议，又重重地赏赐他一番，提升他为护军中尉，专门监督将领。从此，陈平一心一意为刘邦服务，"六出奇计"安天下，成为定国安邦的重臣。

刘邦拥有"自知之明、识人之能、能得人心、用人之法"的四项素质，使他不以一己之身，一技之长逞勇于天下，使他在很短时间就铸就了一个强大的团队。这样，他自己处于无为状态，他的人才处于有为状态，有勇的逞勇，有智的尽智，有力的出力，他以团队之勇之谋之力，来行走天下。在创业团队的努力下，刘邦从丰沛起步，从汉中突起，四年时间，击败项羽，制服天下，这速度使他成为历代帝王争霸赛中用时最短的冠军。

第十二节　人生如负重远行

日本的近世名人，江户幕府的开创者德川家康曾说："人生如负重远行，不可急于求成。"人这一生，一定要有志向，一定要沉得住气。无论在青年，还是在中老年，无论多么不顺、多么不爽都不要放弃追求，一定要保持住远大志向，不到死决不放弃，决不妥协。须牢牢记住《论语》里的这句话：三军可夺帅也，匹夫不可夺志也。要在不断地奋斗中等待转折，把握机遇，熬到最后。一定要坚信自己必会成器，奇迹必然到来。

刘邦是一个大器晚成的人，他的一生，在曲折中前进，在后半生崛起，给后人不少启发。小时候的刘邦是孩子群中的大王，那是逍遥自在，天然领袖。而从成人之年到35岁，他是底层的小民，墨家的信徒，潦倒的酒徒。事业上，一事无成，婚姻上，孤寡无家。35岁到47岁的刘邦，是一名大秦的小亭长，他不满现状，抛弃仕途，亡命深山。人生勃发的时期是从48岁到50岁这段时间，刘邦咸鱼大翻身，职业道路，一路上行，从通缉犯飙升到汉中王仅仅用了三年时间。51岁到54岁是他生命冲刺的阶段，他各项潜能发挥到顶点，趁乱崛起，大败项羽。只用四年时间，职业从汉中王晋升为皇帝。

不过，刘邦做了皇帝也并非一切如意，仍然遭遇不少伤情之事。

首先是屈服于匈奴这事儿。大汉天子，草莽帝王，本以为数十万大军，一战就可以解决问题。而结果竟然被包围白登，身陷绝地。只能给人家送钱，送女儿，委曲求全。这与嬴政的"却匈奴七百余里，不敢南下而牧马"的威风相比，大为逊色。时机未到，英雄只能低头。

其次是君臣矛盾大爆发。皇帝还没有做几天，昔日肝胆相照的兄弟一个个背叛造反，卢绾、陈豨、韩信、英布，搅得他寝食不安，身心受伤。真是应了文臣陆贾的那句话：能马背上得天下，能马背上治天下吗？战败项羽只用了四年，消灭叛乱，却用了六年。

最后一件事是帝国继承人问题，这件事竟然他说了不算。他不喜欢太子的软弱，偏爱宠姬戚夫人的儿子如意。常常打算废立太子。由于吕后的周旋和得力大臣们的极力反对，为了身后的江山稳定，他不得不打消废立念头，无奈地对心爱的戚夫人说道："我想更换太子，但是他有贤臣辅助，太子的羽翼已经形成，难以更动了。吕后真是你的主人了。"戚夫人听了，痛哭起来。刘邦说："你为我跳舞，我为你唱歌吧。"戚夫人悲伤中翩翩起舞，刘邦就伴唱道："天鹅高飞啊，振翅千里。羽翼已成啊，翱翔四海。翱翔四海啊，当可奈何！虽有短箭啊，何处施用！"他唱了几遍，戚夫人抽泣流泪，痛苦不能自已。吕后当权后，戚夫人被捉住，手脚全部砍断，残缺不全的身躯被扔到猪圈。人若有灵魂，刘邦那是情何以堪，苦何以止！

刘邦的人生是奇迹的一生，但是奇迹难道就是天赐的吗？非也。如果没有生死畏惧、深度焦虑，身心的大折磨，就不能痛到对生命终极价值产生觉悟，就绝不会向死而生，不会爆发奋斗的大能。大苦难，促成大智慧，大曲折，产生大动力。正所谓，"千金难买少年贫"，"卧薪尝胆成勾践"。

刘邦受过什么苦难呢？年轻时他信心高涨，志向远大，总想成为显赫的大人物，成为秦始皇那样的信步天下的大丈夫。长大后，才发现人生惨不忍睹，他只能是亭长那样不入流的小官。梦想要做皇帝，现实只是区区村长。所以他喝酒、惹事、吃官司，乱度生命。当他成为深山里的亡命之徒，抛弃妻子儿女之时，命运下落到极点。正是这个极点，这个死地，这个一无所有，让他的心灵解放，让他从一无所有出发，以无所不有告终。从囚徒到皇帝，几多曲折，最终大器晚成，千古留名。

综观之，刘邦是一个深谙人情世故的心理专家，一个虚心纳谏的智者，一个自命不凡的狂人英雄。他激励了无数草根之人白手起家，奋斗崛起，他是历史上最大的励志哥，后来的各路英雄，无不在做人、管理上效法他，模仿他。他建立的汉朝，在封建王朝中，国运绵延最久。东、西两汉加起来400多年，远远超越唐宋元明清任何一个王朝。

刘邦，一个布衣皇帝的神话。

大汉，一个民族辉煌的高峰。

第三章

刘 秀

第一节 治大国若烹小鲜

西汉，威名远播，令西域臣服，令匈奴胆寒，可是大地之上没有不倒的帝国。这个帝国是如何倒下去的呢？不是被强虏攻破，也不是被造反的穷人颠覆，而是被一个文人从内部挖空的。文人的名字叫王莽。王莽推倒西汉，创立了自己的王朝——新朝，控制天下十多年时间。虽然正史里却把他涂抹得不堪目睹，可真实历史中无法缺少他那一朝。王莽是靠了什么颠覆了汉朝，创立了新朝帝国呢，为何新建的巍然大厦，又忽然崩塌了呢？

王莽夺汉的缘由可以追溯到西汉中期的汉宣帝。汉宣帝是汉武帝的孙子，是西汉历史上少有的名君。在他为政期间，才彻底打败了匈奴，开辟了西域都护府。但是汉宣帝爱好祭祀鬼神，喜欢方术，相信董仲舒的天人感应思想，希望借天威来巩固其统治。既然皇帝有这样的爱好，儒生和道教方士们便投其所好，编撰了相关的书籍，进献给汉宣帝。这些书把道家和儒家的思想合流，形成了迷信色彩极重的谶纬之学。谶纬之学兴起，影响了后世两千年。但是当时该种思想并未统一，知识分子纷纷研究，其中一个热心的研究者便是王莽。王莽经历多年研究发现，天运循环，贵贱无常，汉历当终，新王将兴。新王是谁呢，当然是他自己。于是发动儒生鼓吹禅让、改元易号，就当了皇帝。

很多人可能认为王莽是贪图富贵权力，杜撰了故事，杜撰了天命在己的使命。可是从他那热情的劲头来看，他是一点儿都不怀疑自己的追求。就如同耶稣不怀疑自己是救世主，希特勒不怀疑犹太人是低等种族一样。自信的王莽年轻时就是一个有追求的人，他立志长远，严格要求自己，做事勤勉，待人大方周到，这是他成功的主观条件。他的外戚家庭只是帮助他成功的客观条件罢了。他为何具有那样一个主观条件呢，这来源于他的家庭、经历和所读的书。

王莽是西汉的外戚成员，少年的时候就死了父亲和大哥，于是沦落为一名孤儿。这个时候，姑姑王政君成为汉元帝的皇后，王莽的几个叔叔都封公封侯，王氏家族的影响力开始强大。可是对王莽而言，由于父亲的早死，年少的他没有受益很多。他要挑起重担照顾家人，生活比较清贫。孤儿的心路历程和家庭的遭遇改变了他对社会、自我、人生的看法。曲折的经历提高了他的能力，使他过早地成熟。加之酷爱读书，受到儒家经典的影响，他内心形成了一种奇特的人生观，树立了这样一个目标：不但要名留青史，还要让名誉超过前人。因此，在各个方面严格要求自己。

在做事上，他严谨认真、刻苦上进、工作责任心极强。早年他担任骑都尉，在宫廷内值班，非常谨慎周到，表现出很强的业务素质，被家族里的长辈看好，所以职位升迁很快。他一心向学，拜了著名的儒学大师陈参为老师，刻苦钻研《仪礼》《周礼》等。当了高官，也是通宵达旦地工作，曾数天数夜，手拿书本学习，累了也不上床睡觉，只是在桌子上趴一会儿。他后来当了皇帝，建立了儒家明堂，大肆宣扬儒学思想，任用一批儒家大师为高官，博得了知识界的好感。

在做人上，他待人恭敬、为人大方、孝顺长辈、礼贤下士、喜好结交施舍活动。他的伯父王凤病了，他到病床前侍候，亲自尝药，蓬头垢面，服侍殷勤，接连几个月裹衣而睡。虽然他的官职越来越高，但是对人的态度却越来越谦卑。一旦上面有什么财物奖励，他都论功分给手下。宴请宾客，从不小气，以致花光家里的财物。他结交的名士与公卿非常之多，声誉满京城。

在私人生活上，他爱惜名声、勤俭节约、对自我和家庭要求严格。身为王公子弟，没有像堂兄弟那样炫耀攀比，自己和家人的穿衣饮食非常朴素。他母亲生了病，王公大臣前去探望，看见他的妻子身着短衣，捉襟见肘，打扮得如同奴婢。他的大儿子王宇做了错事，他按律办事，把王宇逮捕入狱，并毒酒赐死。虽然王宇的妻子有孕在身，但也被投进监狱，生下孩子后还被杀掉。他的二儿子王获，因为杀了一个奴婢也被逼自杀。他的妻子因两个儿子的死哭瞎了眼睛。王莽这人，为了实现人生的理想，不容任何瑕疵在身边发生，自我要求是多么苛刻。

拥有如此的心理能量和做事做人之决绝手段，又有王氏家族的支持，王莽的理想又怎能不会成功？但是他的发迹不是一朝成功的，比那些靠战争博取成功的人所用的时间还要长很多。虽然有亲戚的帮助，有不懈的努力，他用了整整30年的时间，最后以禅让手段，夺取了刘姓皇权，建立了新朝。

王莽苦心孤诣建立了新朝，又用了15年时间来巩固它，却依然没有成功。得天下难，坐天下更难。王莽为何就没能够让他的帝国流传下去呢？他没有处理好人口和土地紧张的矛盾，一些处理问题的手段太过极端和激烈了。在西汉末年，土地兼并激烈，蓄奴问题严重。大姓家族霸占一方，平民百姓无田耕种，流离失所，成为乱民。汹涌的乱民对帝国的稳定构成威胁。王莽认为唯有进行社会大变革，才能解决这个问题。进行怎样的改革呢？依据古书，特别是参考周制来改革。在土地问题上，他主张要把土地私有制变成远古社会的井田制，要求豪强把自家的土地交给国家管理，施行土地国有化。此外，他依照经典，重新划分政治区域，改变地理名称。在人口问题上，他主张禁止奴隶买卖，给奴隶们自由和土地。这些改革主题听起来是非常美好，要是成功了，他就是中国空前绝后的伟大人物了。

为了改革成功，他通宵达旦、夜以继日地投入工作。可是结果呢？并不理想，社会中下阶层并不买账，四处是贵族和乱民的暴动。王莽改革的想法是好的，但目标有点太高，太理想化了。以致他这个皇帝也不能控制改革带来的问题了。他想打败既得利益者，而既得利益者却把他打败了。如果不改革，他的王朝虽然衰弱，可还能多延续几年，还有一丁点儿希望。一旦要改革，就是往自己心脏上动刀子。

老子说，治大国如烹小鲜，改革不应全面改动，应该遵从人们的习惯，从大部分人能接纳的地方开始。可是他却要翻天覆地，而最终毁灭了自己。

王莽失败之所以迅速，可能还和他信仰谶纬之学有关。在灭国之前，还忙着为三皇五帝建立庙宇，常常跪天求罪以明自己的敬畏，斧劈汉高祖祠堂的四壁，用墨汁涂黑汉陵的围墙，饮猪血来博取士兵的信义。他的用兵能力也很差，提拔的将领和他一样糊涂。在大决战前，拥有百万大军，却拘泥迷信，带着狮子老虎上战场助威。兵在精不在多，一场大战下来，帝国防线全面崩溃。除了主观缺陷外，他的命也不好，国家遭遇了气候灾难，连绵阴雨导致黄河下游两次大决口，在山东区域出现了百万灾民，形成了赤眉军。长江流域却遭遇旱灾，几十万的江南饥民又形成了绿林军。灾变四起，天下形势逆转，各路义军剑指王莽最后的堡垒——长安。最后，王莽被包围在长安的宫殿，箭尽兵绝，被义兵杀死并碎尸。帮助其成功的谶纬之学，最终也导致其失败，让人反思。

通观之，沉迷儒学，隐忍奋斗的王莽适合在一个有序的制度下攀爬上升，但绝不会成为一个强国雄主。他的改革形式过于猛烈，浪漫开始，惨剧收场。最终，新朝帝国和他一道化作烟尘而去。中华古国在血色混乱中等待新的主人。

第二节　孤儿的潜能为何巨大

话说在距今两千年的中原腹地宛城，有一个大龄未婚的青年，因为上过大学读过书（在长安城太学学习过《尚书》），受到过成功人物的创业神话刺激，所以他像现在大多数的青年一样，也特别想建立一番功业，得到一份富贵，希望把自己的名字刻在竹书上，为后世所谈论。可是，家世不幸，他沦为了农民，只能老老实实地种地翻土。他有志向，但凭着一把八尺锄头怎能改变命运？农夫的一把铁锄，只能斩断黄土里几根狗尾草，拍死几只偷粮的田鼠罢了。富贵之路，离他太遥远了。

那有什么方法能改变命运呢？那时候三年两头闹饥荒，收成不好，他想到去贩卖粮食。可是大灾之年，有钱的不缺粮，没钱的买不起，多次亏本后，他感觉买卖粮食也没有什么前途。做官吗？他本来想去，但是却没有这个资本。不是他出身不好，他的出身太有来历，因为他姓刘，偏偏做不了官。当时的皇帝王莽，是要决意灭他们刘家的。所以，这个有志向的青年忧愁痛苦。那就弄点小酒，一醉解千愁吧。可是，连这也不允许。官府明确规定售酒买酒都是大罪。这个青年，只能清醒地痛苦着。

痛苦之中保持清醒的人自有上天来助。正当刘秀无可奈何之时，时代的音调忽然变了。和平结束了，战争开始了，周围的穷人纷纷揭竿造反了。他自幼认真读书学习，只想做个清官，哪想到被逼到造反。可是身在动荡的时代，识时务者为俊杰。反就反他娘的吧，这样的官府不反才是有罪。反了，说不定还能当个有建树的大官，不反，仿佛也是死路一条。这个青年热血滚荡，一念改变，造了王莽的反，给自己的人生寻找了一条新的道路。

谁能想到，第二年，他就成了军中头目，并指挥一场大战把王莽给打翻了。接着，此青年继续人生大奋斗、大转折，大战黄河南北，崤山东西，得陇望蜀，竟然一统了破碎河山，成了一位了不起的开国大皇帝。因为武功显赫，地位尊荣，被后世谥号为光武大皇帝。

农民逆袭，咸鱼翻身，刘秀成了帝王，像他的祖先刘邦一样创造了奇迹。可是两人的奋斗动力和心路历程，又是那样迥然的不同。他刘秀运用的又是哪一种套路，又是怎样与祖先不同的呢？为何同时代的英雄没一个是他的对手，他有着什么惊天的大能？

刘秀是西汉皇帝刘邦的第 8 代子孙，出生在公元前 5 年的秋天，和西方世界人人崇拜的耶稣基督是同时代的人。那个时代处在千禧年来临之际，世纪之交，地球的东方和西方都处在混乱之中，都需要改变历史的伟人出现，刘秀的出生可谓正逢其时。

按照史官们的惯例，圣人的出生自然伴随着神圣奇迹。表面看来，刘秀诞生在一个破旧的县衙，房子很简陋，没有什么新奇的模样，但是赫赫有名的汉武帝巡游时留宿过这里。武帝住过的地方出生的婴儿能是凡物吗？果然，刘秀降世的时候，一片红光照室，上空飞来许多凤凰聚集鸣叫，附近的农田里，有一棵金灿灿的稻子长出了九支大穗子。红光，那是天子气；凤凰，更是非凡的圣物；而"九"是单数中最大的数，古代的帝王以九五之尊自称。看来，刘秀的出生是惊天动地，天光布瑞，大地有感。

祥瑞纷纷出现，他的父亲刘钦觉得非凡，请人给他算了一卦，算卦人说"这孩子兆不可言"。父亲认为他将来必能出人头地，于是给他取名为"秀"，希望他成为人中之秀者。就这样，名字里包含的渴望和激励，在他幼年时父母的每一句呼喊声中，内化为了他的人生使命。他要成为秀杰之人，实现父母的期待。刘秀父亲的做法符合心理学中的一个道理：期望效应。

美国哈佛大学心理学教授罗森塔尔进行了一项实验，随机抽选了一所普通学校，进行了所谓的"潜力调查测验"。之后给该校教师提供了部分学生的名单，并告知他们名单中的学生潜力超出常人，并要求教师们在不告知学生本人的情况下进行长期的观察。而实际上，罗森塔尔在编写名单时只是随机抽取，也就是说名单上的学生大都是普通人罢了。8个月后教师们发现，名单上的学生不但在学习成绩方面进步神速，在道德、人际关系方面也都进步很大。罗森塔尔对此现象进行了分析，得出结论：教师对学生产生更高的期望，会下意识对学生做出有积极意义的引导，而学生收到这种下意识传递的信息后，自尊心和自信心会得到提升，进而开始重塑自我的活动，最终符合了期望。

这就是著名的"期望效应"实验。用一句最通俗的话来解释，那就是"说你行，你就行，不行也行"，"说不行，就不行，行也不行"。这也就是说，当人们相互交流的时候，感情和期望等行为会导致其交流对象向期待的方向变化。刘家本来就起源于西汉天子之家，加上父母的这种高期待和鼓励式教育，刘秀也可能就真的优秀起来了。

而自信豪迈的刘秀，成长是不顺利的。首先是家庭的灾难性事件。在他9岁的时候，父亲因病去世。此时，他兄妹六人，年龄都不太大，只能依靠母亲和亲戚的帮助生活。刘秀于是被叔叔刘良带走，由叔叔负责教养，过着寄人篱下的生活。人们常说，人生中有三大不幸：幼年丧父，中年丧偶，老年丧子。而"幼年丧父"可算是三件不幸中最不幸的。为什么这样说呢，因为在封建社会，家庭是以父亲为中心建立起来的，家庭的地位和生计都依靠父亲运作。年轻的妻子失去了丈夫，幼小的孩子没有了父亲，这家庭不就像房子没有了顶梁柱吗？父亲一死，家人的社会地位下降，经济来源枯竭，周围人的欺凌和打击也就接踵而至了。世上的道理就是"孤儿寡母被人欺"，所以说，丧父对一个儿童来说最可怕，最悲哀，最不幸。

父亲的死还会在孩子幼小的心理上产生阴影。他会产生不安全感、焦虑感，会让孩子认为大灾难会随时降临在自己头上，在内心生出强烈的生存焦虑。但焦虑也有其有利的一面，那就是会逼迫孩子勤奋刻苦，更独立地生活。所以，那些不幸的孤儿，一旦熬过重重困难的成长期，就比同龄人更成熟，更独立，更有能力。这样，他们在社会竞争中也更容易成功。

人类历史上，很多成功人物多是孤儿。刘秀是孤儿，嬴政、王莽、成吉思汗、朱元璋、拿破仑、希特勒、胡佛、克林顿等人都是失去父亲的孤儿。孤儿奋斗有成的人真是屡见不鲜。史学家司马迁说："文王拘而演《周易》；仲尼厄而作《春秋》；屈原放逐，乃赋《离骚》；左丘失明，厥有《国语》；孙子膑脚，《兵法》修列；不韦迁蜀，世传《吕览》；韩非囚秦，《说难》《孤愤》；《诗》三百篇，大底圣贤发愤之所为作也。"苦难可以促成人们的成功，当今的父母应该适时给予孩子苦难教育，什么都替孩子打算好，可能会适得其反。

第三节　向死而生

刘秀的长相额角隆起，鼻梁高挺，一把漂亮的胡须，与先祖刘邦一样，一副标准的天子像。可是，尽管他早年就有志向，但那时并没有把做天子作为人生的目标。他当时的志向是什么呢，达到了什么样的境界呢？

可以根据志向把那个时代的人分为高、中、低三个境界。"低等境界者"是众多的社会底层的庄稼汉，他们深处金字塔的底层，眼界智慧短浅，心思只在那几亩薄田上，一辈子泥土里翻滚，最大的理想不过是希望风调雨顺有个好收成，养活后代延续祖先香火而已。"中等境界者"受世俗和欲望的刺激较大，思维相对活跃，受了一些启发，企图通过读书、参军和经商来改变社会地位，获得功名财富，光宗耀祖，延福后人。"高等境界者"属于那些见多识远的君子圣人。他们怀有一颗大心，严格要求自己，在"修身、齐家、治国、平天下"的阶梯中修炼，力图实现为往圣继绝学，为万世开太平的最大的生命价值。

刘秀达到了哪种境界呢？他青年时期应该是中等境界之人，再后就逐渐进入了高等境界。20多岁时的刘秀，梦想只是求富贵而已。他在长安城看到执金吾的威武的车队，不由感叹道："仕宦当作执金吾，娶妻当得阴丽华。""执金吾"这个官职相当于现今的首都武警司令，而阴丽华是他家乡的一个方圆百里知名的大美人，一个大地主家的女儿。

又要美女，又要高官，表面上看，刘秀的人生境界不太高，远不如他的先祖刘邦"大丈夫生当如此"的豪迈气概。但是，《汉书》中记载，执金吾的车队是官员中最豪华威武的，出行时千人开道，百车迤逦。可见，刘秀像刘邦一样，也是迷恋人生大排场的，渴望活得轰轰烈烈有模有样。而阴丽华这个远近闻名的美人，也不是一般人家的女儿，而是历史名人管仲的后人。她不光出身高贵，貌美出众，家里还有田地七百多顷，车马奴仆无数，平时生活得如同邦国的公主。此外，她和刘秀还有点沾亲带故的关系。在刘秀的早年生活里，他们可能在某种场合下有过交往，已经相识很久了。所以，刘秀的"娶妻当得阴丽华"这一目标，既包含有好男儿对美人的仰慕之情，也体现出对阴丽华这一具体对象的倾心。这种对爱情的自由向往和表达，在三纲五常的古代社会是不容易做到的。唯大英雄能本色，是真名士自风流。

但是，直到28岁，刘秀距离他的两大理想还是十分遥远。

他是败落的贵族，家底微薄，但是找个女子结婚应该不是难事吧。刘秀之所以没有成家，应该是他心里有其他想法。或许他一直坚持着追求，没有向生活妥协，他还暗恋着富家小姐阴丽华。可是，门不当户不对，他有什么资格娶人家呢？即使人家同意，他能让一个倾国倾城的美女跟着自己吃苦受罪吗？爱一个人不就是给她幸福和荣耀吗，如果让她来受穷受苦，还不如帮她找个更合适的人嫁了。大丈夫事业不成，何以娶妻？

正当他为不能实现美梦而失落时，现实变得更为残酷，刘家成为被消灭的对象。他朝思暮想的阴丽华看来只能做别人的老婆了，威风凛凛的执金吾也只能让别人去体验了。他的理想眼看就要化作一缕青烟。

刘氏皇族面临的绝境是刘秀人生的大不幸。刘秀出生时西汉已经建国197年。江山尽管是姓刘的，但是刘秀家所能享受到的恩惠却极其稀少。首先，刘姓皇族成员在西汉末年已经达到十多万人了，僧多粥少；其次，他的这一支族离皇权中心很远。从汉景帝后，他的先祖还是王侯爵位，但是到了他曾祖父刘外的时候，已经没有资格继承侯爵之位，沦落成了边疆太守。他父亲刘钦更不幸，只做到县令的位置，还被人给赶下了台。如果把西汉皇族比喻成一棵百年大树，刘秀家就是大树的一条枯枝。

如果这棵大树没有生病，他所在的那根小枝条还能多挂些时日。他还有机会受到刘姓皇家的些许恩顾，还能去太学学习，能与皇子皇孙们续续亲缘。说不定，时来运转，还能挣个耀眼的未来。但是，大树的根脉已经腐朽。皇权跌落，外戚、宦官交替当道，吏治腐败透顶，西汉政治局面上接近崩溃。富者巧取豪夺兼并大量的土地，穷者放眼豪宇却没有立锥之地。破产的平民沦为奴仆，任人买卖，命贱如同鸡狗。富人家一匹马的消耗，都是穷人几家的口粮。况且富人家不知养了多少个仆人，多少匹马，多少条狗，多少只鸟。

西汉末年，社会贫富差距越来越大，不可阻挡。仿佛经济发展的规律就是富人越富，穷人越穷；最后，穷人穷到一无所有，只剩下喝西北风了，只能靠抢劫为生。这样，富人不能保护财产，穷人也难以保命。整个社会从萧条的末世就滑向了悲惨的乱世。为了防止社会崩溃局面的出现，当权者只能进行政治和经济的改革，把天下的财富重新分配，使贫穷的人多点生存的机会。公元元年的西汉王朝，正面临这个局面。看着社会的持续萧条，汉平帝把年号改名为"元始"，期望历史从此重新开始。但是他的改革还没有启动，年纪轻轻就一病呜呼了。西汉由改革而重新整治天下的希望就成了泡影。

在汉平帝死后，王莽成为西汉的权臣。他自认为阴阳五行移位，天命在己，秘密篡汉，大封亲信和心腹400人左右，另外将刘氏宗族王32人、侯181人废黜，还逼走大量亲汉的大臣。压迫之下，一些刘氏贵族开始造反。在刘秀的家乡，宛城的安众侯刘崇就是一个代表人物。他感觉刘氏前途无望，带领着家人和亲信，背叛政府，攻击宛城。结果，人数太少，兵败被杀。王莽痛恨他，把他家人居住的地方改为养猪场。等西汉的大权被王莽全部控制后，"禅让"戏上演，小皇帝退位，王莽当了开国皇帝，建立了新朝。新朝建立，王氏专政，刘氏家族就更为危险了。山东的徐乡侯刘快率数千人起兵，失败被杀，株连无数。从此，天下所有姓刘的王侯，基本全被废黜，只留下几个对王莽歌功颂德出卖家族的不肖子孙。

在王莽没有当皇帝之前，刘秀还能享受到孤儿抚恤金，还能去长安的太学学习。王莽做了皇帝后，刘秀就是一个普通的平头百姓，不仅没有了富贵前途，没有了"执金吾"和"阴丽华"，就是活下去都成问题。大批的刘姓皇族直接被王莽改为王姓，改姓还算是运气好，那些没有被改的人可谓提心吊胆，神经高度紧张，晚上脱的鞋还不知早晨能否穿上。这时的刘秀，就处在这种困难中。

刘氏家族在走向灭亡，环境逼迫他向死而生，逼迫他进行人生革命。可是，怎么"革命"呢？社会萧条，家门不幸，读书是不成了，经商也不成了。正在他失望无奈之时，蝗灾、旱灾、流行病一股脑地在华夏大地暴发了。在饥饿中，绝望的农民成群地造反起义了。绿林军、赤眉军、铜马、青犊，各种名号的起义军一拨接一拨地出现，汹涌不可抵挡。当一股农民军就要接近他的家乡宛城时，刘秀的大哥刘縯看着时机到来，决定为拯救刘氏而行动了。他募集好了几百健儿，随时准备奔赴战场，杀向当地政府。

正当刘秀对起义的前途担忧之时，他在宛城的朋友李通来拜访了。李通见到他就说："如今天下大乱，人人传言'刘氏复兴，李氏为辅'，难道不是要我来助你吗？"两人是乡里伙伴，又都是那时预言学的"发烧友"。李通的谶语，大哥的首义，让刘秀下定了造反的决心。头可掉，血可流，男儿志气不可丢，他要为家人和自己杀出一条出路！热血沸腾中，他整装待发，出门战斗。可是家里连一匹马都没有，他就牵出后院的那头黄牛，充作坐骑，又从箱子里找了块颜色鲜红的红布，当作战袍披挂。就这样，刘秀骑着黄牛，身披红袍，手持长矛，冲出了自家的大门，赶赴向哥哥的义军，踏向了未知的人生前途。英雄的出场，竟然是如此简陋。

而困境不是那么容易就能打破。刘秀和刘縯的队伍里都是刚刚入伍的农民，将领缺乏实战指挥能力，士兵们缺乏拼死杀敌的技巧。当初农夫们被激情控制，以为杀敌易如举起榔头砸碎田里的冬瓜。到了战场，冷风嗖嗖，阴雾弥漫。两军对决，眼前那是马嘶人叫，飞箭如雨，血流成河。如此惨景，新兵们怎能适应？当敌人的长枪快刀透过浓雾齐刷刷地刺过来的时候，他们是脑子木然，两腿发软。结果可想而知，刘秀的队伍是一战即溃。慌乱中的刘秀舍弃了黄牛，不知从哪里捡来一匹战马，快马加鞭，向大后方逃命去了。在半路上，他遇到了小妹刘伯姬，二人只得共乘一马。不久，又遇到二姐刘元，她还带着三个女儿。逃命中的刘秀不忘姐弟之情，请姐姐和外甥女上马逃命。一匹马怎能载下六个人？追兵眼看就要到来。二姐镇静地对弟弟说，"兄弟，你们快走吧，再耽误，大家都死一块儿了。"无奈中的刘秀，只得含泪离他们而去。在他还行走不远的时候，刘秀已经听到亲人们临死前凄惨的叫声了。

在人生第一仗就失去了几位亲人，刘秀身心受到重创。不过，他的大哥刘縯还在，还能给他提供依靠和安慰。刘縯是家中的老大，是个热情澎湃的革命家，具有很强的政治号召力和军事组织能力，是义军的最大支柱。后来,在他的带领下,义军组织反攻,打败了前来追击的官军,革命形势得以扭转。因此,只要有刘縯在,刘秀就不孤单。可是在一片大好革命形势中刘縯的悲剧却上演了。刘縯、刘秀为了增强实力,和附近的农民义军结成了一个松散的联盟。但这个联盟的内部权力斗争非常激烈。刘縯能力突出,做人又比较跋扈,志向外露,就被结盟的几个兄弟陷害杀死了。这样,刘秀参加起义不久,大哥被杀,二哥被杀,二姐被杀,三个外甥女被杀,家族里的几十位亲戚被杀。造反的代价是如此惨烈,过程是如此无情。

因为父母的离世,亲人的牺牲,家族的梦想只得刘秀一人来承担和实现了。但是在大哥死后,刘秀的处境也很危险,尽管他在昆阳大战中立下了奇功,重创了王莽的主力军。在义军的权力争夺中,刘秀也很可能像大哥一样,沦为刀下鬼。前途漫漫,天地一副悲凉之景,真是苍山如海,残阳似血。刘秀只能强忍心中剧痛,低调行事,以掩藏对大哥的哀伤。这个时候是刘秀最落魄之时,可谓悲情到极点。史书中说他常一人躲在卧室,趴伏枕席上,手抓被褥,心如刀绞,无声涕泣。兄弟们昨天还在畅想人生,今天却身处刀俎,人鬼两隔。

刘秀在痛苦中忍耐着,想着脱困的办法。他积极结交军中的权贵,骗取了义军领导的信任,从而被给予了一个逃离的机会。义军皇帝刘玄赐给他一个旌节,任他为使节去黄河之北游说。刘秀猛虎脱笼,单骑持节,开始了为自己打天下的征程。三年时间,他就在黄河之北当了皇帝,然后以收复汉朝河山的名义,开始了一统全国的战争。

孟子说:"天将降大任于斯人也,必先苦其心志,劳其筋骨,饿其体肤,空乏其身,行拂乱其所为,所以动心忍性,曾益其所不能。"孟子告诉了人们一个生存的真理:一个人如果没有经历过难以忍受的深重灾难,没有体验过痛彻心扉的折磨,没有让生命在烈火上炽热烤过,没有感觉到生的短暂,死的无奈,就不能产生巨大的奋斗能量,就不能锻炼出雄心和能力,就不能干出一番奇异的伟业。

哲学家海德格尔说过,如果不能发现生命的时间有限,人们很容易沉沦,对生命麻木。而如果能回归真我,让良知在内心苏醒,倾听大道的低沉呼唤，人就会发现时间乃生命的本质。于是，人才能活在当下，不随波逐流，不盲目活着。向死而生，才可以觉醒，才可以活好每一刻，活出风采。很多人是在环境的逼迫下向死而生的。而聪明人，应该在觉悟中主动地向死而生！

第四节　柔术治天下

开国帝王多霸道治人，无论嬴政、刘邦、朱元璋都是如此。但是刘秀却使用了一种柔术手段。刘秀用这种方法征服了天下，不能说不是一种奇迹。

什么是柔术治国呢？史书上记载，刘秀当了皇帝后，一次回老家扫墓，和亲戚们同桌宴乐。一位年长的妇女喝醉了，说道："文叔小时候就很谨厚诚信，不和旁人应酬，仅仅以坦诚柔和待人罢了。今天竟然能当上皇帝。"刘秀笑着回答，"我治理天下，也准备用柔和的方法。"通观刘秀的崛起和后来的治国，确实是如此。

刘秀为何就具有这种政治手腕呢？应该与他早年的家庭经历有关。刘秀有兄弟三人，他排行第三，二哥早亡。他的大哥刘縯为人豪放粗犷，刘秀的坦诚柔和刚好与他相反，他以一种完全不同的风格去争夺父母的关爱。此外，在他父亲死后，他年龄还小，受到了母亲的较多疼爱。他的母亲曾是一个富商的女儿，性情十分温柔。史书上记载，他母亲小时候就养成了"不正容服不出入于房"的习惯，可见知书达礼的素质超越常人，年幼的刘秀理当受此熏染。

刘秀的学识也造成了他的为人柔和。他年轻的时候在长安太学学习，学的是儒学专业，拜的是名师，教材就是那些教人如何做人处事的《尚书》和《周礼》。以"克己复礼"为核心的儒学思想可能造成了他的柔和待人的方式。开国皇帝的学历一般都很低，刘秀算是正规大学毕业，嬴政是家塾自修，刘邦属于小学失学，李世民最多是中学毕业，赵匡胤是小学毕业，成吉思汗基本上是文盲，朱元璋是小学二三年级失学。毛泽东曾评价刘秀，说他不仅是会用人的皇帝、会打仗的皇帝，还是中国历史上学历最高的皇帝。清代的思想家王夫之赞美刘秀"允冠百王"，就在于他有儒帝风范。

刘秀的养父刘良也影响了他柔和的一面。刘秀当了皇帝后，首封叔叔为王，这正说明了刘良对他的影响之大。而刘良是一个谨慎小心的人，常给他各种建议。当刘縯起义时，刘良大力阻碍，当听说刘秀也要参予时，他对刘秀说："你跟他是志向、性格不同的人，怎么像他一样糊里糊涂地去送死？"虽然刘秀没有听从他的话，但是共同生活在一个家庭，刘良一向谨慎细致的风格可能间接影响了他。长大后的刘秀确实是一个做事很谨慎的人，史书上记载，在他起义之初，去好友李通家时，害怕李通的欺骗，怀里揣着尖刀赴会。对好友都这样防备，可见他的警惕性之高。

因为这种柔和为人的特点，大哥刘縯常常笑他太老实，太安分。身为职业革命家的刘縯是和刘邦一样的性格，大气豪放，不怎么会挣大钱，却会大把花钱，极爱人际应酬，常常门客朋友满院子，饮酒高歌。与刘縯相比，刘秀有着商人的计算心和农民的谨慎沉稳心，为人做事自有一套。兄弟俩起义后，刘秀多次劝哥哥当心他人的暗算，而粗心的刘縯没有放在心上，以致在他事业如日中天的时候，就被人杀害了。

刘秀怎么可能像他哥哥说的那样老实呢？在家乡种田时，他把多余的粮食拿出去卖，后来又做起粮食生意。在长安求学时，手头花销较高，他就把自己的毛驴租出去挣钱。为了得到一种昂贵的中药，他不舍得花钱，亲自去买蜂蜜、药材，自个儿回来制造，可见动手能力之强。在太学学习时，每当政府颁下什么诏书法令，他常常为同学分析解读，这些表明了他对时势的敏感，对政治的关注和研究。可见，他善于计算，很会经营管理，是个脑子活、创意多的人，如果生活在现代的商业社会，他这样的人也照样可以成功。

柔和是他的仁义，是他的权略，是他治人的手段。外表的温柔厚重下掩藏着一颗有远见的勇敢的心。行为不同，结局也不同。刘縯咄咄逼人，却身死敌手。刘秀凭着稳重和谨慎，成为后起之秀，成了一代明主。

相对于刘秀的柔和，不少帝王真是冷酷无情。除了对敌手赶尽杀绝外，对亲人朋友都下得了毒手。刘邦逃命时脚踢子女下车；项羽除了坑杀20万降卒外，还屠城掘坟；汉武帝刘彻临死时，害怕外戚专政，毒死儿子的生母；李世民射杀了一母同胞的哥哥和弟弟；朱元璋杀尽了拜把子的兄弟。可谓每一个开国皇帝双手都沾满了鲜血。有人把皇帝说成世上最冷酷无情的动物，其实这也不为过。因为具有强烈的专制欲望和冷酷残忍的手段，大多数皇帝的人生结局是凄凉可悲的。他们大部分是被自己的心腹或者亲人杀死。他们临死之时，身边没有真挚的朋友，也没有温情的亲人伴随。只有那些高度恐惧他的，每个毛孔都发抖的"奴隶们"，在沉默中算计着他的遗产。

如果一个人冒着各种危险求生存，其目的却是权力和欲望，是为了享受做世上最疯狂的野兽的滋味，这样的人生还有什么意义，还有什么智慧呢？尽管生存不易，斗争残酷，但是聪明人应该懂得给人生制造温暖，给世界制造美好。与众多的无情冷酷的帝王相比，刘秀的境界是超越的。

刘秀是一个念旧怀恩的皇帝。无论对家人还是过去的朋友、部下，都能温情对待。叔叔刘良和大哥的儿子并没有什么大功劳，但是刘秀当了皇帝后，首先封他们为王。没有功业而封王是因为在早年的孤儿生活中，叔叔和大哥给了他太多帮助。早年在长安上太学时，有个同学叫朱祐，曾和刘秀一起买蜜做药。刘秀做皇帝后，亲自到他家拜访，亲赐蜂蜜一石，对他说："这比当年在长安一起买蜜如何啊？"当初的同学，今日的君臣，融融的关系并未有区别。称帝后，李通辗转来投拜，刘秀不忘他当年谶语相劝的事，认为有首谋的功劳，就封他和他的儿子为侯。每次回到故乡宛城，还会遣使者以太牢之礼祭奠李通父母的陵墓。李通死后，皇帝和皇后都亲自去吊孝送葬。

大臣冯异在边疆驻守，入京朝拜时，刘秀主动热情接见，送给他很多衣服钱物。并对在场的公卿们说："这是我起兵时的主簿啊，为我披荆斩棘，平定关中。"又说，"仓皇逃命中你曾在无蒌亭为我煮豆粥，在虖沱河为我寻到麦饭，深厚的情谊很久没有回报啊。"后来，刘秀又数次召见冯异，摆设酒宴，君臣共饮。冯异在京城住了几天，才回到驻地。冯异走的时候，刘秀让他的妻子儿女一起随行，并未按照传统制度把驻疆大臣的家人留在京师做"人质"控制。君臣的这种推心置腹，真诚相待，历史上是很少的。

贵为帝王的刘秀还比较忠贞于爱情和婚姻，这也是极少见的。刘秀的爱情看起来更像现代人的爱情，有纯洁性因素在里面。刘秀挚爱一生的人就是阴丽华了。早期虽有爱慕之心，却无成家资本，等到他在家乡起义后，做了义军的高层首领，才娶了阴丽华。但是仿佛造物主偏偏喜欢戏弄所造之物，婚后不久，刘秀就遇到人生的重大挫折，只得告别爱人到黄河之北去发展。在河北的刘秀，根基太浅，势力孤单，无奈之下，只得以联姻方式发展同盟，就又娶了真定王刘扬的外孙女郭圣通。在当地豪族的支持下，刘秀称了帝。等到定都洛阳后，阴丽华才和刘秀得以团聚。这样，刘秀身边就有了两个亲密女人。两人地位平等，都封为贵人。可是要在其中选定一个皇后，谁更合适呢？刘秀认为阴丽华有母仪之美，应当立为皇后。可是阴丽华是明白人，她坚决不肯。因为这时候的郭圣通已经率先为刘秀生下了一个皇子，并且郭圣通家族帮助刘秀定江山立下了大功，这是阴家所不可相比的。于是就立了郭圣通为皇后。

但是刘秀毕竟不是最爱郭圣通，不光是因为阴丽华美貌，还有更深的原因。可能是刘秀和阴丽华的爱更纯洁，没有太多的政治利益在；可能是两人在相处时更能做到心有灵犀。阴丽华在7岁时死了父亲，成了孤儿，这种经历和刘秀一样，相似的遭遇使心灵更易黏合。刘秀47岁的时候，天下已经稳定了下来，郭圣通的政治价值减弱了，刘秀于是废掉了郭圣通，改立了阴丽华为皇后。

刘秀废郭立阴还与郭圣通孤傲冷酷的性格有关。郭圣通自小生活在王侯家，天生贵人，对人一贯是高高在上的姿态，瞧不起后宫其他的嫔妃，对皇帝宠爱的阴丽华更是不满。她无法忍耐后宫的孤单，无法控制自己的嫉妒，常常和刘秀因此争吵。这时的刘秀不由心忧起来。假如他突然殡天而去，阴丽华会有什么下场？先祖刘邦的教训鲜明地摆在案前。刘邦晚年很宠爱戚夫人，但是刘邦一死，吕皇后直接把她囚禁并截去四肢，扔到猪圈喂猪了。如果郭皇后有这种机会的话，她会不会也施展同样的手法？依照郭圣通的性格，答案是可能的。

刘秀怎能让自己心爱的女人如此惨死？他决心废掉郭皇后。虽然一些大臣极力反对，他还是毫不动摇，于是立了新皇后阴丽华，接着又把阴丽华的儿子立为太子。这位太子就是东汉的第二位皇帝汉明帝刘庄。虽然郭圣道被废，刘秀并没有赶尽杀绝，封她为中山王太后，这在历史上被废黜的皇后中待遇是最高的。就这样，刘秀通过废郭立阴，解决了后来的后宫隐患，体现了对阴丽华的所爱之深。

第五节　团队的境界

刘秀的敦厚柔和的待人方式，当先敢为的战斗勇气，隐忍谨慎的做事风格使他展现出异常的人格魅力，吸引了大批人才的追随。他的儿子汉明帝精选了开国功臣二十八人，在洛阳南宫云台上请画师画像，以供后人瞻仰，这些人史称"云台二十八将"。这二十八人囊括了刘秀创业时期的重要人才。他们和刘秀有很多的相似之处，大部分都曾修习过儒学，既具博识远略，又能治军打仗。其中的杰出者为邓禹、冯异、吴汉、马援等人。

邓禹被列为云台二十八将之首。他少年时就很聪明，13岁便能诵诗，到长安游学时，结识了刘秀，那时就认定刘秀是非凡之人，于是出入进退相跟随，二人成为至交。当刘秀决心独立创业时，邓禹驱车前去投奔。刘秀问他："你来是为了跟着我做官吗？"邓禹爽快答道："为了在史书上留名。"然后他劝谏刘秀说："现在四海汹涌，豪杰崛起，但是他们大都是武夫庸人，志在发财，争用威力，只是为了追求快乐罢了，并没有忠良明智，深谋远虑，没想着维护明主安抚百姓。您现在的计划，应该收集天下英雄，争取民心，立下高祖一样的事业，救万民的性命于水火。以您的德才平定天下，是足够的。"刘秀在人生困顿的时候，听了这一番激励，那真是找到了自信和方向，留邓禹同宿，彻夜长谈。

邓禹对东汉最主要的贡献就是有定策励志之大功,堪比三国时期的诸葛亮。邓禹不光有超越时代的境界和追求,他还是一员优秀将才,战场冲锋时能够一马当先,所向披靡,帮助刘秀收复了黄河以西的大部分领土。天下平定时,邓禹已经官至大司马,全国军队的总司令,但是他却不贪权争名,主动交出兵权,解甲归田。这种直追张良的功成身退的举止为世人敬佩。在历代的革命起义者中,凡是奔着富贵荣华而去的大都败亡,凡是为了天下大义的信仰而去的大多成功。因为,精神追求是立身之意义,物质追求是立身之途径,精神的力量是无穷的,物质的力量是有限的。当年,追求共产主义理想的穷人能战胜富足并拥有重装武器的军阀,原因也在这里。以物质去励志,事业不会久远。因为人不会为了物质去牺牲生命,却可以在精神激励下勇敢去死。

另一个人物是冯异,他被封为"大树将军"。"披荆斩棘"这个成语就出自刘秀对他的称赞之辞。他为人温和,谦和做人,自我要求却很严厉,平时很爱读书,精通《左氏春秋》和《孙子兵法》,可谓文韬武略都很出众。他原本效力于王莽,兵败后被抓获。刘秀看他行止异于常人,想要留他在军中,他说老母还在城中,如果能放他回城,他愿意将所监管的五座城池奉献。刘秀看他恪守儒士之孝,有一股信义气概,当即放他回去。冯异回去后,说服手下的众人,赞美刘秀的人品和他的军队的优秀,说:"如今英雄壮士起兵的不少,但多是暴虐蛮横之徒,只有刘秀将军所到之处从不掳掠,秋毫无犯。我看他的言语举止,绝非平常之人,我们可以投靠他建功立业。"众人平时都很信服他,都听从了他的建议。冯异拿五城来献,获得了刘秀极大的嘉奖和信任,被封为军中的大管家(主簿)。

冯异追随刘秀一生,病死在战争中,他一生建立过很多大功劳。除劝降五城之功外,在刘縯被杀后,积极出谋划策,使刘秀以大司马之职出行河北;在河北劝刘秀称帝,辅助刘秀战败河北军阀王朗;接替征战不利的邓禹,收服长安,平定关中和陇右。他作战时能谋划大局,战场上又能一马当先,奋勇杀敌,虽然有功劳,从不居功自傲。有一次,将领们在大战后因为争功,吵嚷埋怨,拔剑击石。冯异却一个人走到附近的大树下,静静地欣赏天光流云。刘秀看在一旁,深感佩服,封他为"大树将军"。(在日本的战国时代,幕府将军德川家康深深敬慕冯异,他也常以"大树"自称。)

东汉开国,以作战能力排名的话,吴汉可以名列第一。吴汉是中国历史上一个卓越的军事天才。早期,辅助刘秀打败了王朗的攻击;中期,收服了洛阳以东的农民军势力;后期,他又率军平定了南方和川蜀之地。东汉的半壁江山都是他所开创。吴汉为何能取得这么大的功劳呢?因为他有和刘秀一样的品质,那就是勇敢、沉稳、聪慧、慎重。但他的这些品质从外表却是看不出来的。史书上描述他是"身形外貌朴实,性格言语朴讷"。聪慧和勇敢是优秀将领共同具备的特点,但是,能做到沉稳和严谨就难能可贵了。战场遇到挫折,一般的将领难免垂头丧气,惶恐不安,异于和平时的风度。吴汉却不然,他常在失败后磨砺战械,激扬士卒,不但毫不气馁,反而愈加意气风发。在公元29年平定东部农民军的时候,对方率五万余人夜攻军营,军中非常慌乱,吴汉却能像往常一样安排起居。大家看他如此镇定,就不再慌乱了。这时,吴汉集中精兵出营突击,大破敌军。每次出兵,吴汉早上接受命令,晚上就可以上路,根本不用长时间整顿准备的时间。吴汉病重临危时,刘秀亲临探视,问他有什么遗言。吴汉回答道:"臣愚昧无所知,希望陛下不要随便赦免囚徒的罪过就行了。"他的一生简朴无华,却魅力无穷。

刘秀后期创业的得力大将是伏波将军马援。马援平定了陇西的隗嚣和南越的叛乱,是中国历史上一个著名的民族英雄。马援在年轻的时候,就因为志向远大、与众不同的行止引起了家里兄弟们的诧异。但是他的志向却不在富贵荣华。他曾经在边疆放牧,因为善于经营管理,得到牛羊数千头,粮食数万斗,积累了巨大的财富。但是他说:"人富裕了就应该去赈济别人,否则只是一个守钱的奴隶罢了。"于是把所有的财产都分给兄弟朋友,自己则只穿着羊裘皮裤,过着清简的生活。后来做官的时候,他经常鼓励身边的人道:"大丈夫立志,穷当益坚,老当益壮。"晚年的时候,边界骚乱,他积极地请求前去平定,说道:"男儿应当死于边野,以马革裹尸还,何能卧床上死在儿女身边!"公元49年,南方的蛮夷叛乱,马援前去镇压,结果病死在军中,践行了人生信条。

有冯异、邓禹、吴汉、马援这些境界高远、才能了得的人物相助,刘秀怎能不会成功,从这里又反映出刘秀的境界和追求又是何等的高远豪迈了。君臣之间能团结一心,以浩然正气去奋斗,去互相激励,他们的事业焉能不成功,不流名千古?

每一个想有作为的人,不能忘记境界的提升,心性的修炼!

第六节 权力平衡术

辅佐刘秀取得天下的人才为何看起来都那么优秀呢?除了他们的自身素质外,应该还有外力影响。那么是什么外力呢,刘秀管理人才所用的方法。这些方法中最为出色的是权力平衡的管理艺术。作为一位管理者,不能依赖他人对自己的尊敬和忠诚,因为这些因素在人而不在我,具有不稳定性。所以韩非子说:"圣人治国也,固有使人不得不爱我之道,而不恃人之以爱为我也。"管理是一项"以主动治被动"的活动,要使自身不断处在主动地位上。

历代的开国帝王,没有一个不善于"用众""御才"的,但其方法上各有特色。嬴政一开始就具有国君权势,这是他强于其他帝国创始人的最大优点,是他可以掌握的主动性资源。但他依然放低自我,礼贤下士,依照法规制度,赏功罚过。嬴政受法家思想影响较重,但法家思想却有一个极大弱点。一旦君主驾崩,国君的"势"就突然涣散,法制就不能很好地推行,权臣就可以为非作歹。以致李斯和赵高这些近臣玩弄法规,最后谁当皇帝由他们说了算。在专制文化下全部依靠看似完善的法制,有着灭国的可能。汉高祖刘邦用人豪放,能放权放财,得到了人心,让别人为他效劳。但是刘邦依靠忠诚和亲情来治理国家,所隐藏的危险更大。放手让下属独立发展,容易造成尾大不掉的局势,韩信、彭越、英布、卢绾因此而先后背叛了他。忠诚不可靠,亲情依然不可靠。他让吕皇后治国,外戚一枝独大,刘姓王朝险些变成吕姓天下。他认为异姓不可靠，分封刘氏子弟为王为诸侯，最后又有七国之叛。可见依靠忠诚的忠诚可以消退，而变成叛逆；依靠亲情与爱的，爱与亲情可以离去，变成恨与无情。所以，韩非子说："圣人治国，使人有不得不爱我的凭借，而不仰仗人们爱我。"汉武帝时代，管理上施行权力平衡术，推行"推恩令"，来消除那些具有潜力威胁中央的诸侯势力。为了防止外戚专政，还狠下毒手，在临死前赐死了太子的母亲。可是，西汉后期的皇帝却在权力平衡上做得失败，导致外戚的权力一代比一代强，直到王莽这个外戚终结国运为止。

"前事不忘，后事之师"，刘秀作为后起之秀，在治国策略上，杂糅百家。除了继承了先祖刘邦的方法，采用了儒家和法家的方法，他还进一步发展了汉武帝所用的那套"权力平衡术"。

刘秀擅长使用权力平衡术。他多方面平衡百官权力，防止一家独大，造成互相制衡，而使自己得享大权。在此方面可谓超越了嬴政、刘邦、刘彻。做到了"不战而屈人之兵""不威而得人之服"的结果，留下千古美谈。因此，刘秀的形象成为皇帝中最美者；而朱元璋这样的仰仗霸道管理法的皇帝，尽管镇杀无度，效果却不好，落得一个最丑皇帝的形象。

刘秀是怎样成功运用了权力平衡术的呢？在创业成长期，刘秀的能臣可以分为宛城派和河北派。宛城派是刘秀起义时候的亲朋旧友，或者来自家乡附近的人才。他们有的与刘秀有着血缘关系，有的接触时间长，感情深。宛城派的主要成员有李通、邓禹、冯异、贾复、铫期等人。他们是刘秀的心腹，没有他们，刘秀的事业难以开创，更不会在困境中崛起。"河北派"是刘秀以使臣身份在黄河之北创业时，同王郎决斗的过程发展起来的，成员主要有吴汉、耿弇、寇恂、彭宠、王梁等人。刘秀之所以能在河北立足，消灭王朗，以致后来打败群雄，一统天下，主要依靠的是河北派将领的勇猛睿智和沙场浴血。

当河北派的实力过于强大，要超越于宛城派之时，刘秀就大力扶植后者，对宛城派放权，让其立功和发展。同时安插宛城派的人士作为河北派的副将，牵制河北派。例如，当河北派消灭王郎立了大功后，刘秀就启用邓禹作为主帅攻占黄河以西的领土，消停一下河北派的热度。建都洛阳后，河北派平定了帝国东部的平原，刘秀就把"平定关中"的大任让宛城派来做。宛城派的邓禹平定关中失败后，又选宛城派冯异补上，始终没有把这个任务让给河北派。刘秀既不依靠于某一个派别，也不坐大某一个人。当河北派的将领耿弇平定齐地立了大功，简直功并韩信，刘秀在后来的作战任务中就少用耿弇。不是刘秀信不过耿弇，是他信不过人性。功高能够震主，自然会产生骄狂，骄狂就可能悖逆他的主人。而谨慎的刘秀根本不让这种机会出现。

在创业的后期，河北派和宛城派由于长时间的合作，密切的交往，通过兄弟结拜和婚姻等形式，已经变成了你中有我我中有你的局面。两派合一对皇权产生了挑战。刘秀发现了这个苗头后，立即想办法，开始培养新势力入伙，于是"西北派"就产生了。西北派是收服西北时吸纳的当地的人才，如窦融、马援等人。窦融进入洛阳后，官封大司马，官位高，权力重，对河北派和宛城派的权力形成了牵制作用。在王朝后期的战争中，刘秀不再让前期的功臣插手，靠着西北派的马援来工作。同时，刘秀下嫁公主给窦家和马家，并且娶了两家的女儿为太子妃、王妃等，加深了和西北派的关系。窦氏和马氏的权力一时崛起，让宛城派和河北派都羡慕不已。这样，新旧大臣们互相制衡，皇权仍然是一枝独大。

待到天下彻底平定后，刘秀又提出了"退功臣进文吏"的主张，改革官制，以官制来制约权力，巩固皇权。心腹近臣邓禹、贾复最明白刘秀的用心，主动卸掉职责回家安享晚年去了。在榜样带动下，其他的功臣也陆续交出了权力，政权改革得以平稳过渡。另外，刘秀还改革了官职名称，把"大司马、大司空、大司徒"改为"司马、司徒、司空"，以降低职位的威势，最后又设立太尉之职，分割三公的权力。由于权力平衡术做得好，刘秀驾崩后，刘姓皇权稳定，权力交接平稳，没有出现封建王朝常见的一种现象，即第二代接班危机现象。

而同时代的更始皇帝刘玄因为没有掌握权力平衡术的技能，到手的江山给弄丢了。刘玄是刘秀的族兄，往前五代，他们是同一个祖先，即汉景帝的儿子长沙定王刘发。绿林军在宛城附近起义时，刘姓族人与农民军结成了反抗政府的联盟。刘玄为人讲义气,声誉较好,被推举做了盟军的领袖。昆阳大战后,他又率军攻入长安,收拾了王莽的残余力量,登基当了皇帝,成了大名鼎鼎的更始帝。可是,天下统一的迹象还没有出现,他就听信传言杀了功臣刘縯,自断翅膀,失去了平衡。杀了堂兄弟刘縯后,刘玄能依靠的只能是绿林军的将领。除了一只虎,突现一群狼。这些旷野走出的草莽英雄纪律性更差,大都不服从于他的命令,各自为政。与这群狼共同打天下,刘玄感觉大权不稳,自身难保,就想了个办法,一文圣旨把他们召集在皇宫,收回他们的权力。结果,他这一不太高明的招数逼反了群狼。外面的敌手还没有消灭,他就被将领们杀死在皇宫里。审视刘玄的管理套路,即使刘玄不被将领杀死,也一定会被敌手打败的,他这样的用人套路只能导致分崩离析,只能落到无人可用的境地。

有人说云台诸将没有重蹈韩信、彭越覆辙,皆得善终,是因为他们本身的素质高,是得其时、遇其主。这种说法只是对了一半,因为他们的主人不光有大志能识人,还能善用权力平衡术。如果没有这一项技能,东汉同样会迎来一个"飞鸟尽,良弓藏;狡兔死,走狗烹"的开国大悲剧。

刘秀,真乃人中之秀者,君中之能者也!

第七节 自证预言的力量

刘秀是一个深具人情味且聪明的帝王,但在大脑深处埋藏着一种迷信学问。历史上类似的人物众多。秦帝嬴政迷信神仙,以真人自称;汉帝刘邦迷信自己是龙的儿子,出身草莽也自命不凡;成吉思汗铁木真迷信出生时手中残留的血块,认为上天让他做伟大的草原战士;后赵帝石勒迷信自己小时候的耳鸣,认为那是战场鼓声的号召,相信人生的使命就是冲杀争锋;明帝朱元璋迷信江湖上的占卜算卦人的奉承之词,认为自己属于神圣家族;洪秀全迷信自己的梦,认为自己是上帝的次子,是改天换地的洪水,是救世主。

刘秀迷信什么呢？他如王莽一样，迷信谶纬之学。谶纬之学是一种政治预言学，流行在汉代社会的各种阶层中。在周易和孔子的著作里，谶语思想就屡见不鲜。陈胜为了起义当王，就自造了谶语"大楚兴，陈胜王"，用来迷惑世人。陈胜的行为虽然是一种自欺欺人，可是效果却很不错。在西汉早期，谶纬之学得到系统发展，著名儒学大师董仲舒创立"天人感应说"。董仲舒认为，天是一种无形之神，生产了万物，天、地、人相互感应。天能干预人事，人亦能感应到上天。如果天子违背了天意，行为不仁不义，上天就会借助灾异来警告；如果政通人和，上天就会降下祥瑞以示鼓励。后来的汉宣帝非常相信这个说法，大力宣传。这样，谶纬之学和儒学合流，大肆流行，成为东西两汉官与民信仰的真理。

王莽迷恋谶纬之学。为了取得民心，积极采纳术士编写的谶纬预言书来示信天下。一本预言书里说有叫王兴、王盛的人会辅助他治理国家，他就找到一个守城门的王兴和一个卖饼的王盛，分别封为将军和公爵。并且他还利用谶纬之学改革官职和权力部门名称。不光是王莽，当时很多朝臣可谓都是谶纬学专家。所以，在那个时代成长起来的儒学大学毕业生刘秀，热忱于预言书也就没有什么奇怪的了。

新朝时有一本著名的预言书《赤伏符》，书中有这样几句话：刘秀发兵捕不道，四夷云集龙斗野，四七之际火为主。这几句话的意思在当时很直白：一个叫刘秀的人要通过战争讨伐不道之人，刘秀将与四方诸侯激战在中国大地，等到西汉建立二百二十八周年的时候，西汉王朝将再度复兴。这句预言有人物有事件有时间有结果，简直就是在说一件刚刚发生的事，以致那时的很多人都信以为真。

当时的儒学大师，王莽的国师刘歆，听到这个预言后，立即做出了反应，把自己的名字改为"刘秀"，以求符合谶纬。所以，当志向远大的刘秀看到这句话时，又怎能不心潮澎湃、热血奔腾呢？在刘秀的家乡宛城，有个叫蔡少公的人，曾预言道"刘秀当为天子"。听到这句话的时候，刘秀与朋友们正在饭桌上吃饭，朋友们议论纷纷，说这里的刘秀应该是指国师刘秀吧，刘秀当即反驳道："你们怎能知道说的不是我？"众人听了哈哈大笑。他们怎能不笑，一个乡里青年和皇帝，那真是八竿子打不着。但是在刘秀的内心，在预言的刺激下，却埋下了一颗皇帝梦的种子。

前文所说，刘秀造反起义的原因是和预言学密切相关的。他的朋友李通是预言学酷爱者。李通尽管富有，但仕途不顺，正在生活不满无奈之际，不知从哪听到这样一句话：刘氏复兴，李氏为辅。李通心潮涌动，感觉找到了人生的使命，决心辅助刘姓人物当皇帝。可是这个人是谁呢？他考察周围的人，发现了刘秀这个才俊，就把这句预言解释给他听，并劝他赶快趁农民起义之际革命。大脑已经被预言学洗涤过的刘秀，一听到这个，当然是兴奋不已，果断地起义。

刘秀的崛起和预言学相当一致，这不由得使他当了皇帝后更加迷信。以致他用人施政都要找预言为依据，各种重大问题的决策，也以预言来作为裁断标准。《赤伏符》中有一句"王梁河图主卫作玄武"，刘秀就将县令王梁提升为司空；预言中有"孙咸征狄"一句，刘秀就任命一个叫孙咸的为"平狄将军行大司马"。刘秀钻研预言学非常刻苦，并因此而感染风寒，咳嗽不止。晚年时，他读到一本书，书内有这样的文字："赤刘之九，会命岱宗。不慎克用，何益于承。诚善用之，奸伪不萌。""赤"是汉朝的国色，"九"是说刘汉王朝的九世孙，"会命岱宗"就是要到泰山封禅，"不慎克用，何益于承"就是说不这样做，不利于帝王之业的传承。读到这句预言的时候，刘秀的身体已经非常老弱了，但他依然决意远去数千里外的泰山封禅。公元56年，也是他人生的最后一年，他选择了一个良辰吉日，率领朝中百官来到泰山脚下南侧，举行了规模盛大的封禅祭神活动。三天后，他又到泰山下的梁阴祭地神。在晚年，他还正式"宣布图谶于天下"，使谶纬预言学成为国家承认的一种学问。

刘秀就是这样迷信。或许有人会说，刘秀的行为和陈胜一样，自欺欺人，无非是用迷信伎俩来迷惑群众，塑造个人权威，延续刘姓皇权罢了。但是从各种史料分析来看，他和陈胜有很大不同。有关刘秀的预言并非刘秀创造。他的这种行为已经变成一种信仰行为，如同耶稣基督深信自己是神的儿子一样，如同苏格拉底深信人死后会有灵魂一样，如同天文科学家深信地球围绕太阳旋转一样。

在心理学中有"自证预言"这样的理论,即是说,如果一个人对另外一个人或者自己怀有某种预言或期望,这种期望将会不自觉地引导和改变别人和自己的行为,这一系列的行为将最终导致被期望的人,朝着预言的期待前进,最后这个预言得以实现。看似迷信,深信到毫不怀疑程度,就是个人的真理。这就是人类心理的法则和力量。聪明人要懂得善用预言并创造自己的预言,利用一切积极的力量,去践行梦想,去创造人生。

第八节　时机不可错过

两汉之交,有两个地方割据首领,隗嚣和公孙述,他们功败垂成,曲折的命运值得人们思考。

隗嚣曾做过新朝的廷臣,他知识渊博,在家乡很有声望。新朝末年,天下大乱,隗嚣回到家乡,被乡人推为领导。他抓住时机,出兵占领了天水郡和陇西郡,得以独霸一方。后来积极吸引天下流民,收揽人才,积累了相当大的实力。他的军队发展到几十万人,人才储备蔚为壮观,具有了争雄天下的资本。但是隗嚣这个读书人,没有帝王的志向,却只想割据一方,做个逍遥自在的土皇帝。他建立了汉高祖的庙宇,以复兴汉室为口号获取人心,延续统治。

隗嚣手下不乏人才,大将王元对天下形势认识相当透彻,劝他趁刘秀忙于在东部征讨乱军的时候,尽快收复西凉领土,然后占据关中地区,把守住函谷关,这样就可拥有类似战国时期的秦国优势。进可以攻击东方,征服全国;退可以据关自守,称霸一方。对这个正确的战略,隗嚣自信不足,迟疑不决,患得患失,以致势力始终没有达到三辅地区,最终等到刘秀大军打到自己家门。惊慌之余,他伐树塞路,运石填谷,企图以地理之不便来阻挡对手。两军交战,隗嚣的军队多次取胜,但是他怎能以两郡之力与刘秀的百郡相抗衡?战争还没有结束,他就因操劳过度,病死沙场。他死之后,将士投降,领土沦丧,家人被杀害。

分析隗嚣的作为，可以看出他是一个非常有能力之人，自我要求严格，善于临敌作战。能积极收拢人心，善于管理属下，为他守城的不少将帅以至宁死不屈、自杀殉国。他的能力要比更始帝刘玄高出很多。但他心理能量不够强大，既不能申争雄天下之志向，又不愿屈身事人，只图固守边疆一方。固守穷困者，灾祸就在家门口，只能等来毙命。

另一个人物是西蜀皇帝公孙述，他早年做过官吏，有较强的行政管理能力，所管辖的五个县，政务有条有理，盗贼绝迹。在王莽的官员中他以有能力而著称。天下大乱时，公孙述在西蜀做郡守，便利用自己的权力和声望，杀退到来的农民军，占领了蜀地。这时谋士李熊劝他道："您应在北面占据汉中，堵住通往蜀地的道路；在东面占据巴郡，控制长江关口。蜀地方圆数千里，能够战斗的人不少于一百万，看到有利的就出兵夺取土地，看到不利的就全力坚守，努力耕养积蓄。这样，向北可以控制关中，向东可以控制荆州和扬州。正所谓天时地利是成功的资本，现在您应该建立国号，登上天子之位，以招徕远方的人士。"公孙述心有所动，晚上又做了一个梦，梦里有句谶语指示他可以做皇帝，但只有十二年。醒来，就和他的妻子商量，他妻子说："朝闻道，夕死可矣，何况是十二年！"公孙述当皇帝的信心就坚定下来了。在刘秀称帝的四个月后，公孙述在成都建立了"成家"政权，成为中国历史上在西蜀割据的第一个皇帝。

看来，他在志向上要远远高出隗嚣，但是他只是完成了李熊建议的一半内容。李熊告诉他"看到有利的就出兵夺取土地，看到不利的就全力坚守。"而他当了皇帝后，就不再趁机发展，而是偏安一方，故步自封，坐待刘秀壮大。这个时候，谋士邢邯又及时进言，劝他向汉高祖刘邦学习，要立即向外扩展，发扬"兵败复合，创愈复战"的精神，践行"前死而成功，逾于却就于灭亡（为了成功而死，总比退却灭亡要好）"的道理。邢邯又将隗嚣不能抓住战机，终至人生败亡的故事讲给他听，建议他尽快分派两路大军，一路由勇将延岑率领向北收复关中地区；一路由勇将田戎率领，向东收复长江中下游地区。可公孙述听信了弟弟的建议：外出打仗，不能千里空国。可不外出打仗，他还怎么成长和发展？等到刘秀全部吞并隗嚣的地盘，他才决心抵抗，但是时机已去。上天给了他十年的时间，让他发展事业，他却躲在天府之国的温柔乡里，闭关锁国，结果等到的是敌兵压境。

在敌军包围成都的时刻，他问大将延岑该怎么办？延岑说："男儿当死中求生，能坐着等死吗？"公孙述终于表现出了不凡的斗志，散尽金银财宝，招募敢死队五千人，攻击刘秀的主将吴汉的大营，大败吴汉。但是，面对大局上的劣势，困兽之斗又能延续几时？很多大臣劝他投降，他回答道："兴衰是命运决定的，岂有投降的天子！"随后，亲自率领士兵，冲上战场，激烈的战斗中被长枪刺穿胸部，当晚死亡。如果公孙述能在当皇帝之初、天下混乱之时就勃发出这种状态，鹿死谁手真不好说。可是，由于人性的弱点，人们往往是见了棺材才掉泪，走到绝地才奋发。虽然《孙子兵法》中写道："置之死地而后生"，但是大多数人却死地难生。靠着一时激起的气概，而不是靠着积累的实力，不能取得胜利。人生要有长远打算，早做准备，机遇来了，就不要迟疑。

公孙述的志向很大，他手下不缺人才，谋士李熊、邢邯，大将延岑、田戎都是稀世之才。但是他放才而不用，放地而不争，让机会白白流失。等到他醒悟时，泰山已经压顶，就是神仙也难以挽救。他虽然可以治理好五个县，但是却不能看到天下大局，幻想以山川险阻来求得安全，这和隗嚣一个毛病。他当上皇帝后，迷信谶纬之学，治国礼仪繁多，废除五铢钱，胡乱改革社会经济，治理缺乏实效，又犯了王莽犯过的错误。

王业不可偏安，时机不能丢掉。在命运的转折点应该静心深思，思考全局，推测系统的演变，做出决断。如果认为自己还有成功的机会，就可以决绝向前，弃小图大，全力拼搏；如果发现自己实在是能力不足，实力不够，就应该看清方向，认清大体，归从主流，不留后患。不然，进又不敢，退又不肯，只能困死自己，只能在稀里糊涂中丢掉机会，被人击败，而遗憾终生。

第四章

朱元璋

第一节 母亲宠爱的人

朱元璋祖籍在沛地,即现在的江苏北部沛县附近,和刘邦是同乡,后来他的祖先移居到江苏句容。到他的爷爷朱初一时,为了逃避政府的剥削,又开始了全家逃亡式迁徙,向北来到淮河流域。他们见有大片因战争而抛荒的土地,便停下来开荒种地。庄稼丰产,还能维持生计,朱初一就生下两个儿子朱五一和朱五四,而朱五四就是朱元璋的父亲。待到朱元璋的爷爷因疾病丧葬之后,家里又一贫如洗,原地待不下去了。朱五四不得不走父母的老路,带起家口继续流浪。公元1328年10月21日半夜,朱五四夫妇在逃难的居所里,即今天的安徽省凤阳县境内生下了朱元璋。由于这一年是十二生肖中的龙年,朱家就得了一个"龙子"。他出生时,红光满室,缭绕不绝,连村外几里距离的皇觉寺的和尚看见了那些红光。邻居以为他家里着了火,纷纷提水来救火。

朱五四当时已经47岁了,这人一生都在为了口吃的挣扎,由于没有田产,只能租赁地主的田地在那里吃苦劳作。他整天光着脊梁,赤着双脚,曲折着身子,在泥土里薅草掐虫,寒暑不停,雪雨不止。虽然他辛苦异常,可是养家糊口都很难,为了躲避债务,东潜西藏,受尽政府盘剥、东家压榨。生下朱元璋的时候,这个穷人应该已经是身体佝偻,脸色苍灰,皱纹崎岖,头发斑白了。他给人的印象绝不可能是四十多岁的壮年,应该像一位历经人间沧桑的垂暮老人了。苦苦挣扎，穷苦到死，竟然又生了个儿子。尽管他已有三个儿子两个女儿了，但老来得子，也算是一件喜事吧，在他那布满皱纹的脸上，也露出了几丝笑容。

朱元璋出生之后，却好几天不吃奶水，身体羸弱，生了大病。但是朱家穷困，根本请不起医生，只能抱到寺庙里让和尚给念念经文，做点法术之类的事情以抚人心。这又怎能治好孩子的病呢？或许是和尚的建议，认为这样命苦的孩子，舍在寺里，给佛祖做一辈子弟子的话，兴许能在佛祖的保佑下活下来。孩子毕竟是爹妈的心头肉，祖先的香火传递者，怎舍得给佛祖做弟子呢？但是思来想去，实在找不到救子良方，只得在佛祖面前许愿舍了，以图保命。朱元璋或许是得了天花之类的传染病，命硬就挺过去了。病好后，脸上留下了一些麻子，让人看着稍感厌恶、恐惧，但身体一直都很强健。

朱元璋当初并不叫朱元璋，他有一个小名叫重八，大名叫朱兴宗。此外，他还有三个哥哥，大哥朱兴隆、二哥朱兴盛、三哥朱兴祖，四兄弟名字的最后一个字连起来就是"隆盛祖宗"。可见父母对他们的期望之明确。家族的使命已经赫然显现出来，不昌盛发达这家人是绝不善罢甘休的。但是三个哥哥的表现令父母失望。史书中记载，朱元璋的父母盼望家中出现一个有出息的儿子，能有主张，有想法，能立业做事，重振家门。由于哥哥们的不争气，朱元璋出生后，就成了父母梦想的唯一寄托。小时候，朱元璋就是在母亲的积极的关爱、热切的期望下，成长起来的。或许朱家人生活艰难，但是朱元璋却能在父母的私自庇护下，过着自由快乐的童年，形成了自信好强的人格。

父母对于孩子的期望，对于孩子的激励教育，会使孩子在生活中更自信更有成就，这就是"皮格马利翁效应"。相传古希腊雕刻家皮格马利翁用象牙雕刻了一个美貌的少女，他陶醉在自己的作品中，爱上了这个雕塑，日夜渴望少女变成活生生的真人。他的真爱感动了古希腊爱神阿佛洛狄忒，爱神赋予了雕像生命，最终皮格马利翁与钟爱的少女结为伉俪。朱元璋就是母亲眼中的少女雕像吧。他的成就也验证了心理学家弗洛伊德的一句名言：受到母亲无限宠爱的人，一辈子都保持着征服者的感情，保持着对成功的信心，在现实中经常取得成功。

　　家庭对人的成长太重要了，家教塑造了孩子的性格，但很多孩子在错误的教育下，恶劣的环境中长大，被溺爱、被控制、被忽视。他们没有安全感，没有独立性，没有与人正常交往的能力，怎么可能成为一个健全的人呢？小时候的朱元璋，虽然家境不好，可他得到的养育方式是正确的，受到的教育是优秀的。

　　朱元璋小时候的生活环境中，他的外公的影响是不可忽略的。此人姓陈，人称陈太公，世代居住在扬州，朱元璋当皇帝后追封他为扬王。在南宋末年，陈太公跟从大将军张世杰和丞相文天祥保护南宋皇帝抵抗元兵。由于与元军交战失败，十多万人落入大海被淹死，末代皇帝和大将军被逼投水自杀殉国，丞相也被元军抓住。陈太公和一些士兵比较幸运，乘坐小船逃走了。他们在大海里漂泊了很久，船被风浪打破后，他们泅水登上了附近的一个岛屿。

　　在岛上待了几天，粮食被吃光了，士兵们开始用石头支起锅，四处寻找动物的尸体来煮。饥肠辘辘的陈太公在昏睡中做了一个梦，一个紫衣人告诉他说："不要像其他士兵一样胡奔乱走了，今晚有船路过这里，赶快搭船回家。"这个梦一连做了两次。他很惊讶，就再没有远走。半夜的时候，听到桨声，有个穿紫衣的人用木杖击打他的腰说："船来了，赶快起床！"他立刻爬起来，登上船。到了船上，才发现这船是蒙古人的战船，里面载了不少宋朝的降兵。

　　行到半路，蒙古将领感觉船速太慢，就抓起一些宋人扔到了水里。其中一位领头的曾是陈太公的上司，对他比较照顾，就把他藏在舢板下，每天取一些食物从缝隙里丢给他。过了几天，被蒙古人发现了，就把他赶了出来。当准备扔到海里时，一阵台风突然来袭，把船吹得如轮子一样在水面上旋转。陈太公的上司就对蒙古人说："这个人会法术，他有办法让风停住。"眼看大船就要颠覆，蒙古人就让陈太公施展法术。只见陈太公仰天叩齿，念念有词。事有凑巧，一番奇怪的表演后，台风散去，海水平静如镜。看到脱离险境，蒙古人很是欢喜，立即赦免了他，给了他不少吃的，临别时，还送给他一些财物，打发他回到了扬州。

陈太公的经历，使他自觉命运的神奇，使他相信有一位紫衣人在暗中助他。在扬州安家后，他就以星相占卜为职业，施法作术，成为一名职业巫师。后来他娶了妻子，生下了两个女儿，小女儿陈二娘就是朱元璋的母亲。陈二娘嫁到朱家后，紫衣人又来到了陈二娘的梦里，给了她一枚丹药。陈二娘在梦里吃了丹药后，醒来就在打麦场上生下了朱元璋。小时候的朱元璋曾和陈太公一起生活过，这个老人肯定神神道道地给外孙讲了不少神迹故事，以及宋和元的战争，伶仃洋里殉国的许多英雄。或许，幼年的朱元璋可能幻想着在神仙的帮助下，有朝一日，金戈铁马，吹角连营，做一个非同凡响的人。

陈太公死时已经九十九岁了，家人相信是紫衣人请他上天去了。朱元璋后来的生涯中凑巧也多次遇到紫衣人救他脱困。紫衣人是谁呢？朱元璋认为是道教里的神仙，他们家族的命运守护神。所以，他晚年崇信道教。他的儿子朱棣还下诏封道教的真武大帝为"玄天上帝"，大规模地修建武当山的道观。

后来，明朝的皇帝，大都崇尚道教，信奉一些道家特色的巫术，追根溯源可能来自那位陈太公的影响。

第二节 得力的少年玩伴

万般皆下品，唯有读书高。尽管家里贫穷，父母还是送他去了学堂。他以朱重八之名，去了村里落榜的学究开的私塾，在那里待了不到两年的时间。这期间估计只学了一部分《百家姓》、《三字经》的段子，识上几百个文字。正当学究一个劲地夸他记性好、聪明伶俐时，他却被老爹一把拎回了家。不是父母不想让他读书，实在是他家穷得揭不开锅了，家人都吃不饱饭，哪有余粮供给学校的老师？就这样，朱重八因为贫困失学了。那么小的年龄，能做什么呢？可是，在农村，小孩子能干的活很多。可以拔草，捉虫，放牛放羊，喂鸡喂鸭。此外，父亲还给他找了个短工的活，给村里的地主刘德放牛。

地主家养了很多牛，要一大帮穷人家的孩子来放的。虽然朱重八刚入伙，但是人缘特别好，连比他大几岁的汤和，都服服帖帖地敬重着他，更别提比他小的徐达等小伙伴了。大家都听他的话，喜欢和他玩。他有时让小伙伴们双手持短板，扮作大臣的模样，而自己却撕了树叶贴在脸上当胡须，头顶一块木板当作帝王的平天冠，让小伙伴们，下跪朝拜，对他三呼万岁。受人膜拜做皇帝，或许从那一刻就埋下了种子。

等游戏玩累了，"皇帝"和"大臣"都过了瘾，他们的肚子却咕咕叫了。小伙伴们早就瞄上了不远处地主豆田里绿油油的丰满的豆荚。尽管有凶恶的奴仆看守，可是他们早就准备妥当。一时，有扮作探子刺探情况的，有施展调虎离山之计的，有蹲点放哨的，有准备火石、罐子的。一些孩子头上戴着用青草乱编的草帽，静静地趴在草丛中，只听重八的一声号令，匍匐前进。他们如小蛇出洞一般爬进了豆田里面，捋一些豆荚，用破衣包了，用牙齿叼着，又爬滚到了茂密的芦苇丛中。等把豆子剥了皮，洗净了，就可以在水罐子里上架开煮了。

饿坏了的孩子们，一个个流着口水，豆子还没熟，都伸手去罐子里抢。那瓦罐咔嚓一下，就碎作了几瓣，豆子撒了一地。饥饿的重八已经顾不得，抓来一把便往肚子里吞。哪想一根红草叶子卡在喉咙中，吞不下去，吐不出来，急得哇哇叫。这时，一个小伙伴从旁边找了一团青菜叶子，让重八囫囵吞了下去，痛苦才算解除。后来重八做了真皇帝。那位小伙伴从乡下赶到京城，对他说："我主万岁！当年微臣随驾扫荡芦州府，打破罐州城，汤元帅在逃，拿住豆将军，红孩儿当关，多亏菜将军。"重八记忆犹新，立刻封他做了大官，以回报当年的"救主之恩"。

这样的生活一晃就是好几年，小伙伴们都渐渐长起来了，力气也大了，平日里除了放牛，还通过摔跤扭架锻炼了各自的体魄，扮作官兵强盗学会了冲锋战斗，骑着黑牛黄牛玩起了张飞大战马超的游戏。这一天，天气炎热，大家都躲在树荫下胡乱聊了起来。有的说："当皇帝的是不是每天都有吃的？"有的说："当皇帝的不光有吃的，而且顿顿都吃白面馍，开饭的时候，好多白面馍放在他面前，随他吃，旁边还放着一碗香油拌蒜汁。"有的说："皇帝不吃白面馍，皇帝顿顿吃肉！"说到"肉"，大家都呆了。连白面馍的滋味都很少品味到，哪又知道肉是什么滋味呢？真是一个个面面相觑。重八是孩子王，别人就问他："重八大王，你知道肉是什么滋味吗？"重八挠挠头皮，沉思良久，不知怎么回答，要是说没吃过吧，这领导也太没有见识了。忽然抬头，看见一头小牛犊，在草丛里蹦蹦跳跳，小牛犊平时最难看管，大家因为它不知道挨了地主多少辱骂。重八说："肉味我也不知道，亲自尝尝就行了呗。"说罢，拿起砍柴的小斧头，对着小牛犊一呼，兄弟们就把它捉住了。大家齐心协力，摁倒了小牛犊，重八手持利刃，对准小牛犊的脑门只一下，刚刚还活蹦乱跳的小牛犊早已经脑浆四溅，魂归西天了。

　　小伙伴们找个僻静的地方，扒皮取肉，取柴烧火，就把小牛犊烤着吃了。那场面真可谓狼吞虎咽，风卷残云，个个意兴高涨，吃相狼狈。吃完牛肉，地上扔了一地的牛皮牛骨，这时天也晚了，要回家了，大家才开始发愁，丢了一头牛怎么向刘地主交代呢？重八脑瓜一转，想出一条妙计。拎起地上那条牛尾巴，插到岩石缝里，扬长而去。他们告诉地主，说是小牛乱跑，钻进了石缝中，只剩一条尾巴还能看见。可想而知，每个人可能要狠狠挨一顿板子，没有个结果人家是不会善罢甘休的。重八看这形势，主动认错，把责任全揽了。结果，他挨了一顿毒打，丢了饭碗，断了牧童生涯，还使父亲背上了债务。但是他在小伙伴中间却留下了一个美好的形象，初步收拢了小伙伴们的心。以后的朱元璋征战天下，就靠了这群伙伴的不少帮助。他们一起勇闯天下，创下了各自的传奇。

第三节　灭门的刺激

　　了却牧童生涯的重八只能回家在土里扒食，过起了"锄禾日当午，汗滴禾下土"的标准农民生活。这个辛苦的家庭也是有梦想的，什么梦想呢？朱元璋的老爹朱五四的"守分植材"的梦想。《皇明祖训》曾这样记录了他老爹当时的想法："如果一个人能做到守分植材，买置田地，辛苦耕种，那么年年都会有收入，积累下来，家产就用也用不完。而如果违背天理人情去争取财物，就会像贪官污吏一样，虽然所获的利益丰厚，但却有丧身亡命的危险。"这就是他老爹的朴实的人生理想，封建社会的农民之梦。

可是，朱五四的梦想能实现吗？朱家人整日起早贪黑地劳作，种地打粮，但是收成都给人交了租子，自己不光没有挣来一片田，还经常断粮无炊，挨穷过活。其实，不光他家这样，大多数贫苦人家都一样。元朝末期，异族人统治，土地兼并更是激烈无情，社会资源被少数人控制垄断，人口稀少的皇族、官宦家族、地方乡绅和寺庙道观几乎占有了全国所有的土地。富者良田万亩，遍置产业，穷者无立锥之地，无家可归，贫富两极分化严重到极点。一个农民的"守分植材"的理想，只是一场白日梦幻。

等到重八17岁的时候，中原已经遍地是灾难。首先是持续很久的旱灾。人们四处烧香拜佛请龙王，祈求雨水，但是龙王、佛祖都集体在水晶宫里喝醉了一般，无知无觉。旱灾还没完，又不知从哪飞过来成群的蝗虫，遮天蔽日，漫天遍野，只一阵就把那庄稼连叶带籽吃得一干二净。元朝流行一句歌谣：兴，百姓苦；亡，百姓苦。丰年的时候，粮价大跌，官府增加税收，地主增加租收，好不容易多打了三五斗，喜欢了没几天，统统被搜刮而去。灾年的时候，国家赈灾的钱物被官员层层克扣干净。天不怜人，绝望的灾民只能挖草根，吃树皮，个个皮包骨头，骨头包皮。当人们身体虚弱的时候，传染病又大肆来了。只见村民接二连三地病倒，村子里成批地死人，可谓是人人哀痛，家家悲伤。人们都慌了，感觉在劫难逃，但也不得不逃，纷纷携带丁口，远离家乡。不过几天工夫，村子已经是人烟寥落，鸡犬之声不闻了。

重八一家连饿带病，不到一个月就几乎死光了亲人。父亲四月初离世，三天后，大哥也死了，到了四月二十二日，母亲也撒手西归。后来，二姐、二嫂也接着在瘟疫中病死，做了上门女婿的三哥一家，外嫁的大姐一家也已满门死绝。

重八和二哥眼见得家人一个个倒下，却因为贫穷，请不得郎中，买不来药，医不得病，只能相对痛哭。尤其为难的是：死人要安葬，而他家徒四壁，没有一贯钞、一文钱，到哪去买这么多棺材呢，更谈不上买片坟地了。于是二人哀求地主刘德，希望看在几年的主客之谊，施舍一块让人埋骨的地。谁知他不顾旧情，推却斥责，毫不动情。正在伤心难过的时候，同村一个叫刘继祖的送了他们一片荒地。兄弟俩千恩万谢，感激不尽，用破衣烂衫把父母亲人的尸体包裹了，匆匆抬到荒地掩埋了。

丧葬之后，兄弟二人回到家里，只见茅屋凄凄，庭院荒芜。想想往日，家虽穷，还有父母操持忙碌的身影，还有在困难中的安慰和鼓励，偶尔还飘扬起一片欢声笑语。平日还厌恶父母对自己的苛刻管教，而今天，再想挨父母的一句责骂也不得了。更悲惨的是，两个懵懂少年，无亲无故，面对茫然前途，还要苟延残喘地活下去。境遇如此，怎么活下去呢？

朱元璋后来给父母立的皇陵碑，记录了当时的困境：既葬之后，家道惶惶；仲兄少弱，生计不张；孟嫂携幼，东归故乡。值天无雨，遗蝗腾翔；里人缺食，草木为粮。予亦何有，心惊若狂；乃与兄计，如何是常？兄云去此，各度凶荒；兄为我哭，我为兄伤；皇天白日，泣断心肠；兄弟异路，哀恸遥苍。

当他当上帝王后，有时想到少年时的悲痛，依然不能自已。"当年我母亲病逝的时候，我才十七岁，服侍她老人家昼夜不离开。当时我二哥经营家事，母亲把我两人招呼来，嘱咐我们说：'我现在病得不能起床了，你们兄弟俩要团结一心，成家立业。'说完，撒手而去。今大业垂成，却再不能见到她老人家了，她的话还在耳边，每每想起，痛不能堪。"朱元璋在悲伤中满脸流泪而下，周围群臣莫不感伤。晚年的时候，他去祖庙祭奠，又哭泣不止。起居官在旁边一再安慰，朱元璋对他说："从前啊，我父亲是当月六日亡的，我兄长九日亡的，我母亲二十二日亡的，一月之间，家中连遭三丧，人生值此，其何以堪？终天之痛，念之罔极！"呜咽不能禁止，周围的人都低着头，不敢看他。

过了不久，二哥也死去了。这时还听说大伯家也是几乎满门死绝。家庭的变故给朱元璋带来了多大的心理刺激啊。面对社会凋敝，人民死难，家庭破灭，却剩他孑然一人孤立在世界上。那是一种什么感觉？上天为何偏偏要他遭受如此惨绝人寰的事情。在无限悲痛之中，少年的朱元璋被死亡逼到了绝境。

或许，他因此看透了死亡。人生短暂无常，真如大梦一场，游戏一场。既然如此，何不洒脱去活，痛快去活，无所不可地去活！

第四节　行万里路就是财富

埋葬了爹娘之后，看着重八孤独可怜的样子，邻居汪大娘内心很是同情，含着泪花对他说："孩子啊，你年龄又小，现在又没有可依靠的亲戚，能到哪去呢？早年的时候你父亲和那寺庙的住持也熟悉，况且也舍过身的。现在我家里还有些礼品，让我儿子陪你一起去皇觉寺，央求那住持收下你做弟子吧？现在大家四处逃难，只有那寺庙里还有口吃的，待在那儿先挨过这个混乱年头吧。"堂堂男儿，谁愿意整天与木鱼为伴，吃素念佛呢，但现实所迫，重八只能无奈答应了。第二日，他们就去了村西边山坡上的皇觉寺。

皇觉寺是一座比较大的寺院，有大殿厢房几十间，寺院里有不少田产，又靠着一些善男信女的施舍，养活着几十个和尚。在那个年代，和尚不是普通的职业，虽然剃了个葫芦头，照样娶媳妇养孩子，吃肉喝酒，醉生梦死。而那些挑水除草、挖粪打扫、放鹅守香的活儿都顾杂役去做。和尚们看重八身体还健康，能干不少体力活儿，就收了他。

重八在寺院里的工作包括放鹅和打扫。史书上记载，重八放鹅真是不同凡人。他常围着鹅群，尿一个圈儿，那些鹅竟然乖乖地待在圈里不敢出来。鹅有黑的白的，只要重八对着它们呵斥一声：黑鹅白鹅就能按照颜色分作两队。看来，重八不光治人有术，管鹅也有方。

对于重八来说，每天最困难的一个活儿是打扫。那么大的寺院，扫下来可不容易。等扫完了地面，还要给每个佛像除尘。某一天，重八正在殿宇里爬高上低地打扫，一不小心，竟然被珈蓝神给绊了一跤。气愤之极，他拿起扫帚对着珈蓝神就是一通乱打。又一天，大殿上供的红蜡烛给老鼠啃了，寺里的大和尚责骂了他一顿。他越想越气，这珈蓝神是管理殿宇的神，竟然连个老鼠都管不住。他痛恨珈蓝神，决定旧仇新恨一起算，当即拿了笔墨，在珈蓝神的背后写下了一行大字：发配三千里。一副帝王神采！

重八在寺院里躲了两个月，这灾年不但没有过去，反而越来越严重了。寺庙里也变得缺粮严重。和尚们只能解散，自寻生路去。重八就领了木鱼、瓦钵，背了小包袱，告别师父师兄师母师嫂，北上西进去了。

走到合肥地界，不知从哪里冒出两个紫衣道人和他相谈甚欢，于是一路前行。由于接连数日风餐露宿，跋涉不停，重八病倒了。两个紫衣人解下自己的衣服披在重八身上，待在那里细心照顾他，直到病稍微减轻后，他们才继续赶路。等来到一座寺院时，两人向他告辞而去，对他说："你在此好好休养，我们三天后再见。"三天以后，重八的病完全好了，那两个人却没再出现。

他继续前进，走到六安又遇到一位老人，背着满满一筐的书，行走艰难。重八觉得他很是辛苦，上前帮助。老人没有同意。两人一路行走，来到一棵大槐树下，老人说："年轻人，我看你长相非凡，我这人特别善于星相算命，把你的生辰八字给我说一下，我为你卜上一卦。"重八一一说了。老人沉默了好久，开口道："我给多少人算过，没有人有你这样的好命，希望你前途慎重！你可继续向西北行进。"重八问他姓名，家在哪里，他却不答，杳然而去。就这样，重八接着往西北乞讨。一路辛苦中，他敲过多少地主家的大门，被他们的恶狗追逐，又遭了多少白眼拒绝、辱骂嘲弄。但借着木鱼号声，佛祖的面子，也算讨得一些残羹剩渍、烂菜腐粮，苟且活命。

三年的时光在乞讨中流走了，重八的个儿长高了，身体更结实了，但是他的生路依然灰暗。每天早上天不亮他就得急急忙忙出发，天晚时还得趁着月色星光深一脚浅一脚匆匆赶赴古寺破庙。有时路遇荒野山路，走几十里也不见一户人家，只有饿着肚子，找个背风的乱石，缩着身子暂且躺下。半夜的时候忽然醒来，只觉寒霜如冰，冷风如刀，身体连骨头都是疼的。这个时候，又听见对面山崖上深夜里猴子的叫声，那声音凄凉、哀绝。他忽然就想起了几年前在家里父母对他的温暖照顾，不由潸然泪下。想当初，对着父母的坟头信誓旦旦地说一定要干出一番大事业，而现在却过着如此不堪的生活，一天又一天，看不到未来。他周身如冰，内心如滚水一样沸腾，几多日夜，不能安眠。

不过，在乞讨的路上，他发现了社会上的一个秘密。很多穷人热衷于信仰一种宗教——明教。穷人们常偷偷地聚到一个地方去烧香，去拜明王弥勒佛。他们头裹红巾，烧香礼拜。他们口中念念有词：明王下凡，世界得救。重八经不住他们的号召，加入了他们。他们像亲兄弟一般对待他。他们和他一样，恨地主，恨官府，恨世界上的不平不公。他们信仰的神秘的明王是怎么回事呢？有人曾给他解答：明王在天上时是一个法力无边的神仙，在人间最苦难的时候，明王会下世为人，解救大家；明王最终要帮助善者战胜恶者，要带领人们建立一个美好的新世界。

他开始相信明王会来解救芸芸众生，这也是他后来把王朝名为明朝的主要原因。可是明王在哪里，哪一个人是下凡的明王呢？是那些因势而起的农民军的首领吗？还是自己就是明王？

第五节　禅房里的静思

朱重八再次回到皇觉寺的时候，已经20岁了。三年的流浪生活对他来说真是一种特殊的历练。他不光身材更加高大魁梧，胡子也长出来不少，看起来倒像个三十开外的人。再加上诸多磨难的历练，他早已灭掉了少年时的冲动和狂傲，因此行为举止也显得超常地老成持重。

对于重八来说，最大的改变，并不是外在形象，而是他的内心。古人常说，读万卷书，行万里路，才能成正果。重八在外三年，奔波数千里，虽然辛苦，但中华的大好河山，开阔了他的胸襟，不同的民风习俗、传说故事，所接触的三教九流的各类人物开阔了他的见识，增加了他的阅历。诸多磨难使他的生命力更加顽强，追求更加高远广阔。更可贵的是，他对亿万民众的生活状态、民众需要，有了切身的观察和体验。这些财富在他以后的成功中起着很大的铺垫作用。除了这些，他应该还发现了自身的许多不足之处。以前那么自负，感觉自己智慧超群，无人可及，但是现在知道人外有人，天外有天。如果他想成就一番伟大事业，不加倍努力地读书学习，不吸收更多的智慧，不去结交一大批优秀的人物，那所有的美好理想都将是梦幻泡影，都将会灰飞烟灭。而自己始终都只能是一介凡夫俗子。

现在皇觉寺里的他，已经是个大和尚了。那些又苦又累的活儿可能都是由他安排别人来做了，而他却可以抽出不少时间去读书学习。在很多个深夜，和尚们还发现他房间的灯亮着。尽管没有人帮助他，但是凭着他的智慧和好学，可能已经看了一些儒家经典、佛学著作、历史故事、兵法等。在那些书籍里，他认识了不少伟大的先贤，比如历代历朝供奉的孔圣人，虽然出身低下，却也成了人人敬仰的万世楷模；禅宗六祖慧能，出身野蛮之地，一字不识，但也能成为一代伟大宗师。汉高祖刘邦，出身低微，却也能在数年之内，通过积极的奋斗成为伟大的帝王。他对历史人物慢慢地熟悉起来，不光获得了知识，更是得到极大的激励。

在月光照着的寂静禅房，他回味思索，觉得自己可以向古人学习，活出一个不同的人生，虽然不一定要在历史上留下深刻的一笔，但至少不能让生命在庸常中流过。可是外面的世界，是难以把握与预测的。在乱世之中，他只有坚韧乐观，奋发努力，只有保持一颗警戒的心，一颗机敏的心，他才会有些许希望。

清明节的时候，他到父母的坟前祭拜洒扫。跪在父母亲人的坟前，他可能会想到父母凄惨离世时的状况，会想到母亲的美好期望，父亲的殷殷教导。面对未来的道路，他更会想到父亲和哥哥们的一生，虽然他们都是勤劳的人，一辈子风里雨里，而到头来，还是为他人作嫁衣裳，死时连一块葬身之地都没有，真是白来人世一遭。尽管他们的"守分植材"的梦想是好的，但是那需要一个公平环境的保证，需要一个真正爱民的政府。而这个黑白混淆的乱世，又哪有那样的环境，那样的政府？

做和尚只是他一时的权宜之计。他在四处搜集情报，时刻关注着周边的状况，和往日的伙伴保持着密切联系，为未来的生活做着准备。这个时候的中国社会已经爆发了排山倒海的农民起义。首先起来的是黄淮流域的韩山童和刘福通。黄河决口，几十万民工被强制去修河堤。本来元朝蒙古贵族害怕汉民造反，在法律中规定汉民不可大规模聚集在一处。现在机会来了，一些人鼓动挖河的农民对元朝发难，头裹红巾，开始造反。起义得到长江中下游的穷人们的响应，红巾军风起云涌，在中国中部把元朝一分为二。张士诚、方国珍为代表的非红巾军系义军，其他地主武装割据势力也趁机崛起了。群龙无首，各路起义军虽然反元，彼此之间还互相混战。这个时候，中国的政局已经四分五裂，乱成了一锅粥。在朱重八的家乡濠州，那里的豪杰们也不甘落后，地主郭子兴率领乡民杀进了濠州城，打跑了元朝官员，占城为王，成为当地一大势力。

元朝的军队与各地义军战斗着，但是腐化的元军怕匪不怕民，他们常常绕道州县，在附近的农村烧杀抢掠，拿平民百姓的头颅缴赏。皇觉寺就在乱兵抢劫中被大火焚毁，朱重八的性命也危在旦夕。这时，过去的小伙伴汤和，已经投身义军，在濠州城写信，邀请他去参军。不幸的是，信上的消息又半道泄露。重八待在皇觉寺的废墟中，性命难保，他该怎么办呢？

他那时也是没有良方。但不做出选择，等来的可能是更大的危险。古书上说，当不知道如何做决策时，可以求助于《易经》占卜。于是，他亲自为自己占卜。占卜结果出来，留在原地，凶！躲避，凶！举义，大吉！这结果给了他方向，坚定了他的信心，与其束手待毙，不如起而抗争。他简单收拾了行装，告别了寺庙生活，参加了义军。

第六节　胜在眼界

朱重八参加义军后，洗心革面，重新做人，改名为朱元璋，开始了他的人生创业生涯。从一个一无所有的穷和尚开始，他仅用三年时间，就建立了以南京为中心的割据势力，28岁的时候练成了东南霸主。他是如何滚雪球一样发展壮大的？且看他发展中的几大转折点。

朱元璋刚参加义军时，身边人大都是目不识丁的农民士兵，只有他还上过两年学，又在寺庙里进修过数年，文化水平大大超越了一般人，与这些人相比，他就是个知识分子。他在军中能写会算，深得战友羡慕，在战场驰骋主帅左右，尽忠尽责，又能妙计连连，敌人是闻风丧胆。因此，他深得上级称赞。元帅郭子兴对他是言听计从，把自己的干女儿下嫁给他。这样，他就成了元帅的上门女婿，成了义军中的上层领袖。婚姻对人命运的转变有时具有很大的影响力。有一本文学名著《红与黑》，其中的主人公于连那是靠着追求贵族女性，靠着婚姻，从一个农民变成了贵族。人生的发展，不得不重视婚姻的积极力量。

濠州城里有多个主帅，彼此并不服气。对内，他们为了领导权斗争激烈；对外，却缩在城里数年，只图自保。结果，郭子兴被他人暗算，被关在死牢里，生命危险。他的女婿朱元璋，积极想办法营救，冒着巨大的危险，攻破了敌手的防守，救回了郭子兴。这种英勇的行为为他赢得了很大的名声，巩固了他在义军中的位置。但是在黑暗的濠州城，朱元璋看不到任何前途。另外，濠州的地理位置也不好，并没有太大的发展空间，困在这里早晚是死。与其等死，不如脱离这些野心勃勃、视野狭隘的草莽英雄。这时，他想起了少年时的那个疑问，谁是明王，谁来解救人间的苦难，谁来拯救世人？这答案是不能靠别人，只能靠自己，要去创业，要去开辟新世界！拿定主意后，朱元璋找个理由请示了郭子兴，便带领着和自己要好的家乡的24名兄弟，一路向南发展去了。

比力气，比勇气，朱元璋不一定是第一名，但能系统地、辩证地分析问题、想办法，是别人不及他的地方。

当朱元璋南下定远独立发展时，其他各路豪杰如张士诚、陈友谅、方国珍等，早都是拥兵数万，割据一方了。而他手上呢，只有24名心腹，可谓有将无兵。怎么能快速招到大量兵丁，对他来说是生死攸关的事情。恰在这个时候，上天给了他一次机会。

他们半路走到一个叫驴牌寨的地方，当地有民兵三千。这是附近农民临时组建的一支自卫部队。目前正受到元军和其他起义军的骚扰，正处于孤军无援、又缺粮草的状态，可谓人心惶惶。朱元璋顿感天赐良机。当时他病得很重，依然带病前行，在几名亲兵陪伴下，亲自去对方营地。他以红巾军将领的名义和对方谈判，希望他们向义军投奔。结果，一谈就妥了。

但是对方主帅是个疑心很重的人，表面上答应，而鼠首两端，按兵不动。等了几天后，不见对方行动，朱元璋大怒，遂想出一计。布置亲兵为陷阱，摆局鸿门宴骗对方上套，绑架之。然后假传命令，告诉三千民兵搬营转地方。民兵们刚一挪动，营地就被火烧一空。就这样，三千民兵，前丢主将，后失基地，不得不跟了朱元璋去发展。

如果朱元璋多点仁慈和谦让，再继续谈判下去，那兵丁岂是他能获得的。正所谓，机不可失，时不再来，雷厉手段做出了超绝之事。用三千民兵作为资本，朱元璋夜袭附近的两万多逃命的元军。元军主将战败投降，军队被加以收编。当朱元璋有了一支数万的兵力后，那真是规模宏大、不同往日了。朱元璋的大创业从此开始了。

在大军南下滁州的路上，地方武装冯国胜、冯国用兄弟又闻风来投。这两人是地主出身，年轻时受过较好的教育，知诗书懂兵法，可谓是得力的将帅之才。冯氏兄弟建议朱元璋说，离此不远的古都金陵（今南京），是龙盘虎踞的宝地，可以占领那里，作为立足点，然后稳步发展，扩充地盘，不出数年，定可建立大功业。朱元璋听了很是高兴，对攻占南京打定了主意。

不久，定远人李善长又来投奔。李善长是当地的知名人士，读过很多书，对法家思想有过深入的研究。他比朱元璋大十几岁，生活阅历丰富，可谓足智多谋，料事如神，加之人缘又好，朱元璋得到他很是高兴。他对朱元璋说："汉朝开国皇帝刘邦和您一样也是沛人，虽然是农民出身，但他有三大优点，一是胸怀博大；二是知人善任；三是对百姓宽厚仁慈。所以，他五年奋斗就得到了天下。现在元朝已经溃烂，土崩瓦解就在眼前，您若能学习汉高祖，抓住这个绝好机会，苦心经营，不愁大事不成。"

朱元璋听了很是赞同，从此事事以同乡人刘邦为榜样。在冯氏兄弟和李善长的帮助下，朱元璋很快就攻下了滁州和和州，又收拢了胡大海、常遇春和邓愈。这三人是大明的开国大将，可谓是百世难遇的猛将。这样，朱元璋的创业团队在这个时候基本定型，谋臣武将齐具，人才济济。义军的名义领袖小明王看到他壮大起来了，就封他为义军副元帅。他私下说道："大丈夫不做副！"他决心培养属下的忠诚度和战斗力，打造一支骁勇善战的朱家军，占领南京以图更大的发展。

但南渡发展需要战船和水军，于是设法拉拢附近的巢湖水军来投。当时的巢湖水军正独木难支，头领李普胜，人称李扒头，就统领水军加入了朱元璋的队伍。等大军渡过了长江后，攻下了对岸营地。但是李扒头居功自傲，内心对朱元璋并不服帖。为除后患，朱元璋命人在船上摆酒庆功，灌醉李扒头，捆住手脚，丢进了滚滚江水。为了防止水军作乱，有回归江北之心，于是一石二鸟，纵兵砍断所有战船的缆绳。可怜李扒头打造多年的千艘战船随江水漂流而去。这时，李扒头的官兵，无主将，无退路，只能效忠于朱元璋了。

第七节　胜在思维

1356年，朱元璋率领舟师，击败采石镇的元军，接着又攻下太平县，以太平县为基地，又接连拿下南京周围城镇，然后施展谋略，对南京发起总攻。由于元军在多个地方与农民军作战，没有援军来救，南京元军不敌，50多万城中军民就投降了他。这时，28岁的朱元璋，靠着实力，积极拼打，浴血奋战，终于打下了一块革命根据地，在长江岸边扎下了根。

可是，成功者大都要经历人生中"黎明前的最黑暗时刻"。当朱元璋在南京奋力扎根的时候，他西边的陈友谅已经羽翼丰满，建国称帝。他们虽然同属义军，但领地相邻，各有雄心，元军被赶走后，他们就成了冤家对手。陈友谅的军队规模有60万人，是义军中最强盛的一支。而发展了近两年的朱元璋军队只有20万人。虽说发展速度不慢，但是与陈军相比，只是小巫见大巫，不是一个重量级。另外，南京东边的张士诚军，势力也不弱，经常因为争地盘和朱元璋军队火并。

1364年，当朱元璋还在和张士诚交战时，38岁的陈友谅觉得天时地利人和都有了，亲率60万大军，沿长江而下，气势汹汹，首战即夺得朱元璋的西边重镇太平县。对于朱元璋来说，黎明前最黑暗的时刻终于到来。与张士诚纠缠的朱家军，顿觉腹背受敌，阵营乱作一团。有人主张投降，有人主张由朱元璋亲率主力与陈友谅决一死战，还有人已经私下行动，与敌营中的熟人朋友联系，把家产往城外的山中转移。

当时朱元璋面临的境况是内忧外患。如同一盘棋，虽然他一开始的几步走得很好，可是现在棋局已到中盘，如果出现半点纷扰，必定前功尽弃。朱元璋不愧为一代英主，极其镇定。他倾其所有，把黄金珠宝等财物，全都赏赐给下属以安定其情绪；另一方面，召集谋士们发扬集体智慧积极应对。经历一番冷静的分析后，大家发现，情况虽然危急，但是朱家军成功的机会并不小。由于张士诚预测陈友谅胜利后，必然变成最强大的敌人接着来收拾他。所以，基于势力平衡的需要，他对朱元璋的进攻反而停止了。虽然朱元璋只有20万人马，但是这20万却是精兵良将。陈友谅号称60万，其实只有40万，并且其中多是刚收服的兵将，军心并不一致，仗着人多势众，军心十分傲慢。兵在于精而不在于多，如果指挥得当，朱元璋取胜的可能性是非常大的。

通过冷静的分析，朱元璋实行了三大军事方略。

第一,"围魏救赵"分化敌军。派先锋胡大海急攻敌方的信州(今江西上饶市),信州是陈友谅势力东部的门户重镇。信州被攻,他可能要分一部分兵力去营救,这在兵法上叫"攻其所必救,打其所必守"。果然,陈友谅中计,匆忙去救援信州。可是当他的数万救援军到达信州时,胡大海已经夺取了信州,陈友谅的援军攻城大败。这些接连发生的事件不光减轻了陈友谅军对南京的攻势,还降低了其作战的士气。

第二,"离间计"巧杀敌将。陈友谅的前线大将是赵普胜,他刚刚加入陈军,但势力很大。他的水军一直是朱元璋的克星,如果不拔掉赵普胜这根刺,水路压力难除。通过分析发现,赵普胜虽然勇敢但没有谋略,另外,陈友谅和赵普胜之间,其心不一。朱元璋决定用离间计来收拾他。赵普胜有个门客,以谋略见长,赵普胜尊他为谋主。朱元璋就派人送他很多钱财,与之交往。一来二往后,又写书给谋主,却故意把书信送给了赵普胜。赵普胜怀疑谋主,谋主心生恐惧就投奔了朱元璋。朱元璋大礼接待了谋主,谋主便把赵普胜的军情一一透露给他。朱元璋又给了谋主不少财宝,要他去陈友谅军,游说陈友谅亲近的将领,散布赵普胜怀有二心,从而离间陈赵关系。离间计执行得很顺利,赵普胜没有发觉,依然习惯于炫耀功劳。陈友谅非常不满,以烤全羊宴请赵普胜赴会。赵普胜不知是计,顺水路而来,刚下船,就被一群伏兵砍杀了。

第三,"埋伏计"袭杀主力。陈友谅过去有个朋友叫康茂才,但是在朱元璋帐下效力。朱元璋要康茂才假意投降陈友谅,并提供虚假情报,引陈友谅大军快速来攻南京。而朱元璋已在城下布下罗网,在险要处埋伏大量军队,专等来攻。陈友谅又中了朱元璋的计,率领主力来攻南京,全军被陷在狭窄的河道内,施展不开。这时,朱元璋的伏军杀出,放箭放火,隔离绞杀。这一仗下来,陈友谅大军被水淹箭杀火烧的不计其数,损失惨重。有数万人当场投降。守城战胜利后,朱元璋大军又乘胜追击,彻底击败了陈友谅的主力军,收复了失去的重地。陈军锐气受挫,兵力大减,再不是朱元璋的对手。后来在鄱阳湖大战中,陈军又被困在水泊。皇帝陈友谅战死,湖南湖北江西的领地尽被朱元璋拿下。

打败陈友谅后,朱元璋回转兵锋,全力消灭了下游的张士诚。此时,再看天下,尽管军阀还在混战,天下还存在数个割据势力,北元政府还在,但是,只有他朱元璋朝气蓬勃,势力最大。人生最大的挑战已经过去,以后的工作就是收拾残局了。他接着南北两方同时用兵,用了两年时间,消灭了所有对手,统一了天下。朱元璋就这样以农民之身起家,在40岁的时候,创建大明王朝,成了一代帝王。

第八节　智慧从哪里来

朱元璋本是一个农民,没有受过系统的文化、军事、政治教育,却在战场上用兵如神,在政治管理上也很有远见,驾驭起各色人物来也轻车熟路。他是怎么做到的呢,为何具有这么高的能力呢?难道这些素质是天生的吗?非也。

或许朱元璋天赋极高,但是他的能力和后天的学习不能分开。

朱元璋非常重视知识,一心向学。他曾说:"以前的人常使无知识的人驾驭有知识的人,这很不对,应该以才学之士驾驭才学之士才行。"他不要武夫治国的模式,努力把自己打造成才学之士。因此,他时时聘请老师给自己补课。攻克江西鄞州之后,他征聘13名著名的知识分子,用白话文讲解经史。后来又在金陵设立礼贤馆,收拢贤才,大儒宋濂、刘伯温、陶安每天轮流给他上课。他经常告诫属下的将士说:"你们并非不善于打仗,但是临事决机,智谋可能不足,应该亲近儒士,听他们讲讲古人的书籍,以便于增长你们的智慧。"

他用功学习的精神让人惊讶。史书上记载,行兵打仗的间隙,他常常是手不释卷。坐上帝位后,每天上朝完毕,就从傍晚读书到夜里12点,可谓是日夜奋发,废寝忘食。有人计算过,他当皇帝后,平均每日要亲自批阅150余件奏章,裁决400多桩案件。史书中称他为"戴星而朝,夜分方寝"。他没有特殊嗜好,更谈不上精神的调剂和身心的娱乐。还曾经写诗一首嘲弄懒惰的富人:诸臣未起朕先起,诸臣已睡朕未睡。何似江南富足翁，日高三丈犹披被。

他读书的范围广泛，绝不仅仅限于一门，兵学、佛学、道学，以及经史子集的各个门类。但是他并不是为学术而读书，是出于实用的需要，是为了治人、治军、治国的需要。清朝人赵翼评价他说："他早先目不知书，后来能够文学明达，博古通今，除了与他天资聪慧有关外，还因为他勤于学问。"

他写过不少诗词，我们不妨来赏析一番。一首是《咏燕子矶》：燕子矶兮一秤砣，长虹作竿又如何。天边弯月是钓钩，称我江山有几多。另一首诗《无题》：皇帝一十八年冬，百官筵宴正阳宫；大明日出照天下，五湖四海春融融。另一首《横秋风吹笛》：西风落木绽黄花，牛背村童笛正佳，曾识倚楼人听处，每闻吹月鹤升遐，苍江一色浑秋意，红叶初飞衬晓华，冷露下天星斗润，烟波声到是谁家。这些诗，视觉上鲜明，格调上清新、古朴、磅礴，不乏王者气象。朱元璋在崛起之前常向刘邦学习，而刘邦的文章上也只是一首《大风歌》（大风起兮云飞扬，威加海内兮归故乡，安得猛士兮守四方）流传于世。与朱元璋的相比，刘邦简直就是个文盲！朱元璋不仅仅是写了几首诗词，也绝非附庸风雅。《高皇帝文集》收录了他写下的十几万字的作品，其中诗词歌赋就有一百多首。里面的文章涉及诏书、制、诰、诰命、书信、敕、敕命、策问、敕问、论、乐章、文、记、碑、序、说、杂著、祭文、古诗、律诗、排律、歌行、绝句等多种体裁。可见，当初不大识字的朱元璋，通过勤奋的学习，已经成为一位知识专家了。

走向聪慧的道路，不能全靠读书，但读书是一条便捷的路。古往今来，那些伟大人物，有几个不是热爱读书，有几个不是依靠读书人？前人在书中留下的智慧，胜于前人在世上留下的财富，只是看你愿不愿意去寻找罢了。这个道理，古往今来，却只有少数人明白。

第九节 治人三宝

朱元璋喜欢读《道德经》，自称受益匪浅。书中有一段话：我有三宝。非常珍视地保守着：第一叫作慈爱；第二叫作俭；第三叫作不敢置身在天下人的前面。因为慈爱，对现实生活充满热爱，才会激发我至大至刚的勇力去战胜所有可能破坏这一切的力量；俭，才能积蓄力量，才能不断地扩大推广，不断地充实壮大起来；不敢置身在天下人的前面去争夺那些人人喜爱的珍宝或逃避人人厌惧的凶难，才有资格成为万众的首领。现在有的人不讲慈爱，而一味逞勇斗狠；不讲克制，而只求高速发展、无度扩张；不讲谦冲退让，而一味争先要强，那是在自取灭亡啊！

先来说"慈"，"慈"就是"对人仁慈"。虽然朱元璋后来大杀功臣，但是在成功前，他还是一位仁慈之主。他曾说："盖用仁者无敌，恃术者必亡。"他不推崇权术，而推崇仁义。常遇春好屠城杀降，朱元璋就叮嘱他："当以保全生民为心，一则可以为国家用，一则为附者劝，且如汉将邓禹，不妄诛杀，但享高爵，子孙昌盛，此可为法。"在北伐之前，他对部下说："前代革命之际，肆行屠戮，违天虐民，朕实不忍。诸将克城，毋肆焚掠妄杀。"朱元璋虽然杀了很多功臣和官员，但是在一般劳动者心中，他还是一位好皇帝，他通过践行仁慈，获得了民心。

再来说"俭"。他以自身为榜样，做到了节俭，并且让节俭成为他的管理文化。曾有使者呈给他金玉装饰的马鞍。他说："我现在征战四方，所需的是文武奇才，所使用的是谷粟布帛，其他宝玩并不是我所爱好的"，于是没有接受献礼。战胜陈友谅后，他得到了陈友谅的镂金床，说道："这与后蜀皇帝孟昶用珍宝做成夜壶有什么不一样吗？"随即命令把它砸烂。旁边的大臣说："没有富有就先骄傲，没有达贵就先奢侈，陈友谅必然失败。"他反问道："富有了难道就可以骄傲？达贵了就可以奢侈吗？前车之鉴，不能重蹈覆辙！"等到当上皇帝后，他命令皇家的物品，如果非用到金的，就用铜代替。相关的官员说："费小不足以珍惜。"他说："朕富有四海，岂吝于此？然所谓俭约者，非身先之，何以率下？小用不节，大费必至，开奢泰之源，启华靡之渐，未必不由于小而至大也。"登基之时，他见皇宫建筑构图雕琢奇丽的地方，就主张改掉，对主管大臣说："宫室只需要完好坚固，何必过于雕琢。尧时，茅屋土台，梁木不去皮，可谓特别简陋。因此数千年以来尧被称为道德最大者。后世却特别奢侈，大力开发宫室苑囿和车马珠玉的玩乐功能，要知道，欲望之心一旦放纵，最后便不可遏止，衰乱于是就开始了。如果在上面的能崇尚节俭，那么下面的也就少有奢侈。不记得我以前给你们说过'珠玉不是宝，节俭才是宝'吗？"此外，他还时常带领皇子去乡下农田体验农夫的辛勤生活，带领家人吃忆苦饭，节俭的品质可见一斑。

再看他的"不敢为天下先"的思想。他的那句诗"百花发时我不发，我若发时都吓杀"正是最好的注解。

乱世之时，谁的名气越大，谁得到的归附者就可能越多，如同元末的首义者刘福通一样，举起起义大旗数月，就聚集了十几万人的队伍。如果名不副实，就不能制众，到最后也是名去人散。刘福通的能力不足以服众，各路义军独自发展，号令不一，庞然大军，各自为战，很快破败。但让刘福通失败的主要原因，是他的对手元军强大，他第一个跳出来起义，就成了被重点关注的目标。木秀于林，风必摧之。朱元璋深知这个道理，他要求自己和部下，"平日为事，只要务实，不尚浮伪，不事虚诞"。他表面上以红巾军为招牌求发展，以保乡安民的口号麻痹元朝政府，但实际上他积极施展着"高筑墙、广积粮、缓称王"的战略，猛虎躲密林，大鱼藏深水，他在混沌里悄悄壮大。

"不敢为天下先"的稳重发展策略，使他在创业初期，稳扎稳打，稳步推进。他曾给大臣们讲："朕思天下之事，未尝一日自安，盖治天下犹治丝，一丝不理，则众绪纷乱，故凡遇事，必精思而后行。"是的，精思而后行。他的起义军没有流寇弊端，没有四处乱打抢劫为生。他认为一个稳定的革命根据地才是最重要的，于是决心夺取南京。南京的取得是他事业发展的转折和保障。在南京发展的初期，他大力经营农业生产，积极鼓励农民发展，提出"初飞之鸟不可拔其羽，新植之木不可摇其根"的治农策略。南京根据地在乱世中得到恢复发展，成为他的兵粮来源基地。

他在作战中的策略也非常稳重。在与陈友谅的战争中，陈友谅中了流矢身亡，他的年幼的儿子陈理在大将张定边保护下，匆忙逃亡武昌继位。这时朱元璋只需要整顿战船军马，兵临武昌城下，围而攻之，武昌定能拿下。但是为了保持军队实力，减少伤亡，朱元璋没有急攻武昌，而是采取了取枝摧干的策略。他首先攻占了武昌附近的重镇，击退了周围的驻军，这时，困守孤城中的陈理士气大挫，他们也只得束手投降。后来，在消灭张士诚时，他也展示了同样的稳健战略。击败张士诚可分为三个作战阶段：第一阶段，先取淮河下游和长江北部地区，端掉他的旧巢，切断他与元朝联合或者向北逃亡的后路；第二阶段，攻打湖州和杭州，切断保护张士诚首都苏州的两大臂膀；第三阶段，大军围攻苏州，活捉张士诚。消灭群雄统一江南之后，面对早已腐烂不堪的宿敌元朝，他展开了最后的北伐战争。北伐前，常遇春提出重兵直捣大都的建议，但是他依然保有耐心，没有采纳冒险战略，执行了这样的作战方略：先攻取山东，其次进攻河南、河北，再攻下潼关，扼守潼关关口，把元朝西北军关在关外，接着大军主力逼向大都。等他这样做时，明军主力还没有走到大都，元朝皇帝和军队已经丢下一个坚固的大城逃走了。

第十节 天命在我

朱元璋的一生，有着强烈的自我神圣的信念。他深信自己的命运和决定都是上天安排的。

他认为星相和占卜是天意下达的一种方式。除了他的外公是职业占卜人外，他的父亲也相信占卜。在他乞讨流浪的路上一位老人给他占卜，他参加义军之前自己占卜。在大战之前，他常夜观星相研究未来时局。

他相信王气之说。当李善长初次拜见他时，说他祖上与刘邦同是沛县人，而沛县是王气之地，他很爱听，后来就以刘邦作为奋斗的榜样。他相信有仙人保佑，生病的路上有两位紫衣道人保护他。他做过和尚，天下盛传明王弥勒佛降世拯救众生，他内心可能把自己当作了降世的明王，因此建立大明。

朱元璋对"天命在己""天命所佑"的信仰达到痴迷程度。他写过《周颠仙人传》一文，所谓的"周颠仙人"，除了具备预测能力，还有让朱元璋信服的"法术"，还进献过丹药。他说："我亲自撰写此传是为了说明，国家的灾难存亡早就被上天规定了。"

他祭天的行为也反映了很深的自我神圣心理。他规定，他是天子，那么上天只允许他一人来祭拜，其他人不是天子，就没有理由拜天。那些不同等级的臣下民众等人，应该各有自己相对应的祭拜之神，如诸侯拜地、凡人拜山川等，他们都没有拜天的资格。在祭天时，他的心是非常虔诚的。在一次祭天的大会上，他曾认真对官员说："所谓敬天者，不独严而有礼，当有其实。"

他的"天命在我"的观点还体现在他的外交中。他给北逃的元朝皇帝的信中说道："顺天者昌逆天者亡，古今都是一样。我当初从民间起身，仅仅是单枪匹马而已，哪里有百万之众呢？今天诸国朝贡，我拥有一国的富有，养兵百万，军民生活美满，难道不是诚实感动上天了吗？你是个聪明之人，要仔细考虑。聪明人都知道，天命有归，人不强违，以前你的先皇知天命而北往，于是得到善终，今天我朝天运兴起，如果违背天命来犯，岂不是过来自首吗？"又给北元的大臣写信说："如今元朝运气终结，上天不再眷顾你们了。"很明显，他所说的天命并非指民心，而是某种天神，类似于蒙古人崇拜的长生天。

虽然这些言词之中有一种说服、打击对手的成分，但是也可能反映了朱元璋真实的内心：天命在我，成功乃是上天的相助和保佑，并非人力所为。

他就这样把"天"真实化，把自己当作上天的代理人和独生子。明朝大臣解缙说他的行为是拿上天、神仙来迷惑百姓，为统治国家、麻痹人民服务。解缙真的戳穿皇帝的西洋镜了吗？未必。或许，朱元璋的信念，已经成为解释和支撑他人生、事业的真理了。

第十一节　背后的女人

古哲说："安天下者，必先安其家。"现代人说："每个成功的男人背后都有一个支持他的女人。"可见婚姻和爱情对人的成功确有影响。朱元璋背后的女人就是他的妻子马皇后。马皇后母仪天下，为朱元璋一生所尊重。

马皇后出生于 1327 年，是家中的小女儿，比朱元璋大一岁。她的父亲马公性格素来耿直，与人交往很有信用，并且喜欢施舍救济他人。这些行为马皇后耳濡目染，深刻地影响到她的成长。她长大后为人聪明睿智、真诚善良、眼光长远、行为脱俗。

为了躲避仇人的追杀，马公从宿州移居到定远，在那里遇到了郭子兴，两人意气相投，就结为金兰之好。当郭子兴在濠州起义的时候，马公也回到家乡起义响应，临走前就把女儿托付给郭子兴，希望郭子兴好好照顾她，但是马公回到家乡后不久就死了。郭子兴就把马公的女儿收为义女，待她如同亲生孩子一样。朱元璋投奔郭子兴后，还没有结婚，郭子兴就与老婆张夫人商议，提出把义女嫁给朱元璋。这位张夫人也是一个贤内助，说道："我也有这个想法，朱元璋气量宽宏豁达，又有智慧谋略。如今天下大乱，您起义革命，正当收集豪杰来建立功业。一旦他为外人所亲，谁与您一起共成大事？"

她与朱元璋结婚时，已经是大龄女青年，二十七八岁，已经阅历很多，心智非常成熟了。婚后，夫妻二人患难与共，同心协力，共创大业。马皇后喜欢读史书，早年时曾兼任朱元璋内府图书馆的管理员，朱元璋要读什么书，都是由她来查找提供。正史里介绍，她除了给朱元璋生下五个儿子和两个女儿外，在征战的年代，还经常为他出谋划策，朱元璋也往往能认真听取和采纳，她可谓朱元璋智囊团队中的骨干人员。另外，她还亲手为将士缝衣做鞋，深得人心。当陈友谅大军临城，不少官员百姓准备逃亡，在这人心慌乱的紧急时刻，马皇后镇定如常，"尽发宫中金帛犒劳将士"，为稳定军心做出了很大的贡献。朱元璋从流浪儿童中总共收养了二十多个义子，还有几十个义侄，他们全靠马皇后在后院培养教育。这些义子义侄尽力拼命，忠心耿耿，很多战死沙场，为大明的事业立下了汗马功劳。

马皇后珍惜人才，对朱元璋的人事管理也起到了很大影响。她多次对朱元璋提出建议，曾说："一个君主虽然有明圣的才智，但他不能独自管理天下，必须要靠选择贤能之人相助来治理。但是这个世界上不存在十全十美的人才。在选择人才的时候，你应该根据各人的长短而任用，不要对他们过于苛求。"有一次，军队从元朝宝库中获得了一批珍宝，朱元璋回到宫里很是高兴，马皇后问朱元璋得到了什么东西，朱元璋兴奋地说："珍宝啊！"马皇后说："财物并不是珍宝，帝王自有帝王的珍宝。"朱元璋仿佛明白了她的意思，说："我知道，你说的珍宝不就是人才吗？"马皇后说："是啊，如果得到人才相助，与您共同治理天下，天下才能太平，这就是大宝；如果能把我们这样的好名声流传万世，这就是大宝，大宝不是物。"朱元璋听了很是同意。朱元璋当了皇帝后，对马皇后一直非常尊重和感激，几次要寻访她的亲族封官加赏，但都被马皇后劝止。朱元璋还对她说："如果不是你，难有今天啊。怎敢以今天的富贵忘记昨天的贫贱呢！"然后又对她说："您就是朕的长孙皇后和冯异，'忘不了芜蒌亭的豆粥，滹沱河的麦饭。'"（长孙皇后是唐太宗李世民的贤内助；冯异是光武帝刘秀患难时的大臣，他在芜蒌亭和滹沱河，为奔命中的刘秀熬制豆粥和麦饭。）

马皇后常以节俭教育他们的子女。贵为帝后，她以身作则，一直保持过去的俭朴作风。平日穿洗过的旧衣服，破了也不忍丢弃，并教导妃嫔不忘蚕桑的艰难。遇到荒年灾月，她带领宫人吃粗劣的菜饭，以此来体察民间疾苦。马皇后除了聘请知名大儒做朱元璋几十个儿女的家庭教师外，自己也是他们的家庭教师。为了勉励他们学习向上，她常给皇子公主们讲："你们的父亲现在能够尊临万国，为天下开创太平，他的智慧才能都是由于学习积累而达成的。你们每个人要继承父志，不要辜负他生养了你们。你们的父亲简朴，尤其不喜欢奢华的事物，为了治理好天下，他日夜忧勤。你们没有什么功劳，天天过着锦衣玉食的生活，却格外喜欢服饰、名车、名马、宝物，为何在志气上与你们的父亲如此不同？以后要亲师取友，讲论圣贤之学，以开明心志，不要再沾染恶习。"

1382年（洪武十五年），这个帮助朱元璋大半生的55岁的女人生病了。由于害怕医生治不好她的病，而招惹朱元璋对御医的杀戮，她坚持不医治。朱元璋去看望她，说道："你与我都是来自贫苦百姓之人，曾经忧勤相济，从混乱时代走到今天，已经31年了，你家范宫闱，母仪天下，帮助我治理天下，成为后人的榜样。朕还想着数年之后，太子当了皇帝后，我应当与你归老寿宫，看顾孙子，以享天伦之乐，你怎么就能一病如此呢？"马皇后用尽生命中的最后一丝力气回答道："死是生命的必然结局，只希望陛下慎终如始，使子孙都能贤良，臣民都能各得其所，我虽死如生也。"说完就撒手人寰了。朱元璋恸哭不已，由于对马皇后的爱，他终身也没有再立皇后。在朱元璋叱咤风云的一生中，马皇后一直和他忧勤相济、支撑大业，他的全部事业中也都渗透着马皇后的心血。

朱元璋的晚年，性情较为暴烈，与臣下的关系比较紧张，常常重典治国，杀人立威。对此，马皇后总是婉言规劝，使他有不少节制。朱元璋行为中的冷酷一面，也被马皇后的善良、仁爱和耐心冲淡了一些。马皇后所制造的家庭的欢乐，君臣的融乐让这个专制帝国飘浮着几丝温情，她的死亡加剧了帝国政治气候的降温。

第十二节　心理危机下的疯狂

建立帝国之前的朱元璋是一个神人，英明神武，能征善战，统一华夏，解救苍生于倒悬。立国前10年，朱元璋虽然没有建成盛世伟业，但国家也算稳步发展，算是一代明主。可是在建国10年之后，朱元璋的思维混乱了，性情极不稳定。他走向了疯狂，大开杀戒，轮番把屠刀砍向了功臣们，俨然成了一个屠夫。

明朝的开国功臣，除了胡大海、常遇春、汤和、李文忠、徐达等人因战争或疾病而死外，其余的基本不得善终。这些人有的是被零星处死，有的是被成批杀死，满门抄斩。谋士刘伯温在建国后不久就被人毒死，童年伙伴周德兴及其儿子被连坐诛死，得力大将冯胜被赐死，大将傅友德父子同时被赐死，淹死小明王替他背黑锅的廖永忠被赐死，早期追随他的伙伴如费聚、华云龙、唐胜宗等人，也遭杀害。

另外，丞相胡惟庸被杀后，牵连到三万多人被杀。在朱元璋身体衰弱的晚年，丞相李善长被灭门，大将蓝玉被处死，还有一万五千多人因牵连而被处死。可以说，明朝开国功臣在胡惟庸案、蓝玉案后，已经被杀灭殆尽，朝中再没有人才，这也是朱元璋死后，燕王朱棣造反成功的一大原因。

朱元璋大杀功臣，在历史上名声不好，这除了清王朝对他刻意侮辱、丑化外，确实是他性格的弱点和心理的不健康。按理说，朱元璋是后起之秀，他完全可以模仿刘秀的权力平衡的策略，也可以借用赵匡胤的"杯酒释兵权"的方法。可是，他却没有这样做。原因可能有以下几个方面。

一是梦想的破灭。朱元璋在统一国家后，欲做千古名帝。他以李世民作为榜样，常下诏书，号召大臣们向魏徵学习。另外，积极发展生产，大兴农业和商业，期望国家迅速发展起来，实现大治之世。只是他求功心切，妄图10年时间在一片百废待兴的土地上，完成这一宏伟理想。结果是，大跃进思想之下，违反客观规律办事，官员们弄虚作假，乱放卫星。欲速则不达，他的大治梦想基本破灭，对前途也逐渐悲观，不由得放弃盛世理想。

二是君臣关系恶化。他自身没有平衡权力的技术，他的大臣也没有汉宋时代将相的素质。大明的功臣多来自社会下层，大多目不识丁，受到儒家的文化影响较少，全拼一身血气奋斗。他们辛苦挣得了巨大功名，炫耀还来不及，又怎能像张良和邓禹那样，功成身退呢？此外，他们还受到领袖的示范效应影响。一介草民朱元璋可以称王称帝，他们怎能屈于做一个平凡的小人物？所以，明朝的功臣表现出更多的桀骜不驯，犯上欺下的行为。君臣之间的矛盾增多，使本来就疑心较重的皇帝大受刺激，他在心理上产生了移情，不由回想起了旧社会那些欺压人民的官吏。他曾说："昔在民间时，见州县官吏多不恤民，往往贪财好色，饮酒废事，凡民之疾苦，视之莫然，心实怒之"。而他的这些官员，如今就是欺负他和百姓的贪官恶霸。胡惟庸案、空印案激起了他多年的不满和愤怒，他大肆屠杀官吏数万人。他要彻底消灭这些误国伤民的罪魁祸首，杀光这些腐败的新贵。

三是家庭和心理健康出了大问题。在他 54 岁的时候，马皇后病逝了。自从他当了皇帝后，君臣关系今非昔比，除了一起奋斗过的皇后外，他还有什么知己？马皇后的去世是对他的一次重击，致使他感觉到衰老的来临，生命的无常，人世的孤独、冷酷。在此情况下，他觉得惠及千古的业绩难以企及，于是，为天下苍生思考得少了，对朱家王朝考虑得多了。在马皇后死后的几年内，是朱元璋屠戮功臣的集中期，李善长、李文忠、陆仲亨、唐胜宗、费聚、赵雄等被诛灭。

马皇后死后，还有一个他可以心理寄托的太子朱标。为了培养朱标，朱元璋可谓费了很多心血。当他 64 岁时，37 岁的太子却病死了。丧子之痛又一次重创了他。自己老了，儿子死了，孙子幼小，而一些能力超强，桀骜不驯的大臣还健在人世，如此的环境，他的朱家王朝还怎么能延续呢？这位政治老人对功臣的不安全感，在太子死后大增。周德兴、蓝玉、傅友德、冯胜等相继被杀死。

功臣纷纷死了，皇帝也不会永生。无论权力多么大，总是斗不过时间。1392 年，朱元璋病死，终年 70 岁。死前他留下遗言："我做了三十一年皇帝，忧危积心，日勤不停，想要有益于百姓，只是我起自寒微，没有古人的博知。好善远恶，与古人相比，差得更远。现在快要死了，懂得了万物自然运行的道理，心中也没有什么悲哀的了。"

临死的朱元璋言语之中几多忏悔，几多自我批评，仿佛心理疾病不见了一样。

第十三节　心学大师（上）

王阳明是读书人中的传奇，他生活在明朝中期，被后世称为"内圣外王"式的人物，荣获这种称誉的人，数千年来，非常稀少。在儒家传统里，所谓的"内圣"是指儒学造诣非凡，人生境界非常高的人，如孔子、孟子、朱子等人。而"外王"是指在内圣的基础上，实现了宏大的政治抱负，达到安民济世，平定天下的功劳。古代的帝王打败群雄，平定天下，称王称帝，尽管他们自诩为圣人，但是内心离内圣很远。能够在立言、立德、立功三项事情上都成功的人，才能称其为"内圣外王"。王阳明能获此殊荣，可见他的确是非凡。但是世上没有天生的圣人，他的成就是在一番潜意识的驱动下，靠着主动的努力，历经千死百难而获得的。

史书上记载，王阳明小的时候并不比一般的孩子优秀。家人给他取名"王云"，可他并不能"云"，到六岁的时候他还不能说话。当然，名字中的"云"不全是指"说话"这种含义，也可能是指《易经》上所说的"云"："云从龙，风从虎，圣人作而万物睹。"因为他开口说话太迟，家人很烦恼。有一位僧人见到他，叹息道："好个孩儿，可惜道破。"僧人的意思是，这孩子本来是特别能说会道的，会有一番不同境界，可惜他的名字道破了天机，上天惩罚他，他自然不能说话了。于是，他的家人接受了僧人的暗示，把他的名字改为"王守仁"。

自从有了新名字，王守仁那是开口就能流利地背诵大段的经典，吟诗作赋高人一等，大家纷纷惊叹他的才能。据说物理学家爱因斯坦说话也很晚，当别人问他为何能有巨大成就的时候，他回答道，说话晚，发育迟缓，就能保持一颗对世界好奇的童心。不过，很多伟人传记中，常把早说话能力作为一项奇迹。传说道祖老子、佛祖释迦牟尼都是生下来就能说话的。可知说话早晚有时并不太重要，而有一颗什么样的心才更重要。

一个人的命运如何、成就多少，与他的智慧关系密切。而更主要的是他的人生动力。如果没有卓越的追求，像普通人一样沉沦在社会中，那么他无论如何也没有动力和能量去飞翔。王守仁有一颗追求卓越的心是他人生成功的关键。他的这颗追求卓越的心是如何炼成的呢？

其中的一个重要原因和他父亲密切相关。王守仁小时候喜欢读书，但是他的读书志向却异于常人。十岁的时候，他就对人生的终极价值产生了思考。世人每天忙忙碌碌于诸多事情，可是哪一种事情才是最应该做的呢？他与老师关于此问题有一段对话。

守仁：什么是人生第一等事？

老师：只有读书，考中进士。

守仁：读书中进士恐怕不是第一等事，应该是读书学圣贤。

古代千千万万的读书人，十年寒窗，要的不就是读书登第吗？而王守仁为啥就能脱离窠臼，与众不同？答案之一是因为他的父亲。

王守仁的父亲王华是一位科举考试中的状元，是世人眼中最成功的读书人。但是状元的儿子还会把状元当作人生目标吗？每一个儿子都有超越父亲的情结，这是心理学研究中的发现，也是我们日常能感受到的。每个人都会通过一种特殊的追求来表达自我的价值，以表示与祖辈、父辈和他人的不一样。追求与人不同，追求超越是人的天性。所以我们看到富人的孩子很可能不太追求金钱，政治家的后代对权力也往往不感兴趣，农民的儿子也不想去务农。王守仁的父亲已经是一位非常成功的读书登第的人物了，那他王守仁只能寻求一条不同的超越的道路。而他阅读的那些书里，他的生活里，圣人又是被作为最高的榜样来描写来崇拜的。其次，他生活在一个状元的家庭里，又是一个特别聪明的人，立下做圣贤的志向也不奇怪。这是他在立志上高于普通人的个体无意识力量。

他之所以有一颗卓越的心，还受着社会无意识力量的影响。

他不光要读书做圣人，他还崇拜那些能征善战的英雄人物，如东汉的将军马援。马援率领中土大军，战败叛乱的南方异族，功在千秋。他的一句"男儿当死于边野，以马革裹尸还葬耳。何能卧床上在儿女子手中邪"更是流传千古，让无数人热血澎湃。王守仁读到这句话时，可能更是亢奋。他一生多次拜祭马援的庙，并寻找他的后人加以照顾。王守仁把马援作为人生的榜样是和时代密切相关的。王守仁的时代，国家的北边一直遭受着蒙古人的威胁。长城虽然多次被修葺，可是根本阻挡不了侵略者的马队，连明朝的首都北京都险被攻陷。如何处理北方游牧民族的侵略，自然成了国家的头等大事，成了世人谈论的主题。时代的焦虑，对英才的需求刺激了每一个有志向的年轻人，更刺激了王守仁。他用心搜集阅读兵法著作，并骑马到边疆重地实际考察了一个多月，还在考察中杀死了几个侵略者。

家庭带来的成长压力，社会对人才的渴求，促使王守仁形成了两大人生目标：读书做圣贤；成为战场上的英雄。这两大目标是他一生发展的动力，获得成就的动力。而他后来的各种苦难遭遇又强化了这些动力，使他对自我价值的追求更是与众不同。

他的人生有非常多的不幸，有一件不幸是无子。王守仁16岁结婚，一直到55岁才有了一个儿子。古人说，不孝有三，无后为大。虽然他过继了大哥的儿子，但毕竟不是他的亲生。一个人无后可能会对生命价值产生与众不同的理解。哲学家培根在他的《论人生》里写道：为什么有的人没有留下后代，却留下了流芳百世的业绩？因为他们虽然未能复制一种肉体，却全力以赴地复制了一种精神。这种后继无人的人最关心后世的人。而那些成了家的人，可以说对命运之神付出了抵押品。因为家庭难免拖累事业，使人的许多抱负难以实现。最能为公众献身的人，往往是那种不被家室所累的人。只有这种人，才能够把他的全部爱情和财产，都奉献给唯一的情人——公众。而那种有家室的人，恐怕只愿把美好的祝愿保留给自己的后代。王守仁人生动力的来源应和这种无子的遭遇密切相关。

做圣人、做英雄的目标带给了他生活的动力，但也带来了很多苦恼。因为怀有这种志向，王守仁对一般读书人的追求是看不上的，别人的嘲弄和排挤当然也是不可避免的。别人说他狂妄，包括他的父亲都用"狂"来评价他。中国传统社会有两大文化支柱，一是儒家，二是道家，儒家主张礼仪下的循规蹈矩，道家主张不出头的柔弱胜刚强的生活策略。无论哪家对"狂"都不提倡，不接受。王守仁的"狂"会带来很多人际上的障碍，惹来不少麻烦。不过，他确实有才华（28岁考中了进士），有背景（父亲是朝廷里的重臣），这是他的"狂"没有被外力打下去的资本。

但是他内心呢，却有沉重的焦虑，他险些被自己的抑郁症打倒。他嗜好读书，渴求通过读书来寻找做圣贤的方法。可是当他按照书上的要求一步步去做时，却一无所得，进入不了圣贤的境界。那个时代，大家都读圣人朱熹的书，朱熹主张走向圣人的途径只能依据于八个字：格致诚正，修齐治平。于是，王守仁一心一意地按照朱子说的去做。他首先去格物，去观察、研究自然界，希望获得圣知。他选择了竹子作为"格"的对象。因为圣人说，每一个物都隐含着天理。他连续观察竹子七天，直到累得病倒，并没有从中得到什么。格物是成为圣人的第一步，而他格不出什么，在第一步就失败了，更别提后面的阶段了。格物的失败使他焦虑不安，他对自己成为圣人的能力产生怀疑。他焦虑的第二个原因和接触道家和禅宗思想有关。道和禅都认为一个人只有摆脱红尘俗世的迁累，才算是个明心见性的高人，才能抵达没有执着的圣者境界。但是，他有家庭，有功名，还想着做一番有为的大事业。他感觉自己无论如何也不能达到那种出世的要求。当一个和尚说他始终有一种官相，所以不能得道，他更是痛苦。

王守仁内心焦虑，躲进了家乡一个叫"阳明洞"的山洞，决心闭关冥思来解决心理问题。在山洞里修行多日，他终于有所觉悟。他觉得自己认同的圣人不是道和禅所说的圣人。他觉得亲情、功业都是生活的核心成分，是人的价值的根本，更是圣人的根本。一个人的价值存在于他的社会关系中，取决于他对社会的认可与贡献。如果只是像道士、和尚那样，躲进山林，沉思冥想，安守宁静，那就是逃避，是自我欺骗。圣者应该承认社会，立足于现实的土壤，把修身齐家、济世安民作为自身的责任和目标。在阳明洞的悟道，解决了部分心理认识上的分裂，使他摆脱了道家和佛家的影响，获得了新生。从此，他自称为"阳明"。

但是王阳明的这种积极入世的圣人理想，刚一出山就被现实冲击得粉碎。他产生了第二次心理上的大危机。并且，这次危机比第一次更凶猛。

第十四节　心学大师（下）

他给"圣人"赋予了一种新的意义，自认为找到了一种新的人生方向。可是当他走出家乡，身处庙堂之上，准备做一番入世的大作为时，他发现官场凶险，他难以有一丁点儿的作为。一丁点儿的作为都要他以官职、人格、性命作为代价。明朝中期，皇帝大都没有治国雄才，宦官在皇帝的宠信下势力熏天，权臣在拉帮结派中控制朝政，官员们普遍生活在宦官和权臣的阴影下。吏治混乱、官场腐败，民生艰难，社会文化和经济出现了溃退的局面。内溃外患，是明朝中后期的社会大问题。在这种局面下，人才大都被异化和埋没了。内外因素的互相作用，矛盾恶性扩大，国家急速走向下坡路，走向衰亡。王阳明虽然能看出其中的问题，能提出治理边疆的十大策略，但是在那种政治局面下，改革的建议难以被认同、采纳。王阳明立志要做圣贤事，恢复社会的正气，所以多次上书朝廷，主张革新，这挑战了宦官刘瑾的权威。结果他遭受了残酷的惩罚，被当众廷杖三十，关入监牢，候旨发落。

这是他在阳明洞觉悟后，积极济世的第一个结果。入世，简直就是绝路。这种打击自然让他深感痛苦。身处牢狱的王阳明或许对陶渊明悠然南山的生活有了理解和同情，对道家和佛家的主张有了理解和同情。但是他在阳明洞的觉悟是那么深刻、清晰。三十大板，摧残了他的身体，侮辱了他的人格，可是他不能放弃自己的信念。他要做积极入世的圣人，他不能因为一遇障碍就放弃人生的追求，放弃他活在人世的最大意义。如果活着没有意义，只是苟且，那还真不如杀身成仁，舍生取义。王阳明觉得他的济世的方向是对的，可是却一直没有找到合适的途径和机会。他需要耐心等待。

等他从监牢里被放出后，又被发配到贵州的龙场驿站，此时的王阳明处在了命运最低谷。理想不能实现不说，等待他的将是诸种困难和生死挑战：万里艰辛、穷山恶水、毒虫猛兽、流行瘟疫、言语不通的土著人、趋炎附势的地方官吏。这个时候，他最容易想起的可能是那位楚国的屈原大夫。他在半路上为屈子作赋，洒泪祭奠，哀悼这位天才，叹息人世的悲剧。人的一生如白驹过隙，怎样生活才是最好呢？他知道目标，做一个圣者，可是方法呢？他一时找不到。

来到龙场后，艰辛果然一如想象。悲痛之下他再三问自己："圣人处此，更有何道？"这样的逼问方式，竟然使他的心情得到改观，坦然接纳了现实。这种变换位置的提问方式，从正向视角思维的方式使他走出了痛苦。当我们深处艰难，如果采取此方法，也能得到积极的启发。圣人处在穷困之中，该怎么做呢？自然不是自杀，不是悲叹，不是抑郁。圣人应该视死如归，不以物喜，不以己悲，放下一切负担，平静地安于当下，活在当下。如果王阳明不从圣人的角度去提问，而是沉浸在"我做错了什么，为何会这样悲惨？"的疑问中，那么，他的人生只能和很多被贬的人一样，抑郁而终。思维一旦进入消极模式、消极循环中，就只能越想越悲，越悲越痛，最后只落得客死他乡，抛骨荒野。

王阳明的积极思维方式拯救了自己，改变了困境中的人生。他不惧辛苦，亲自砍柴、挑水、做饭，照顾生病的仆人，还给他们弹唱家乡的小曲，讲一些好笑的故事。他的这种对待的生活方式，和《论语》中的颜回和曾点有相同之处，或许他当时确实想到了颜回和曾点。颜回是孔子最喜欢的学生，他志向高远，曾说："舜何人也，予何人也；有为者亦若是！"（舜是什么人啊？我是什么人啊？其实只要是有能力有建树的人都可以是圣人。）但是颜回并没有做出什么轰轰烈烈的大事。颜回在人生不得意时，能够"一箪食，一瓢饮，在陋巷，人不堪其忧，回也不改其乐"。曾点是孔子的另一个高徒，当孔子和弟子们席地而坐谈论人生志向时，问到曾点，只听他回答道："我的志向是，当春天来了，冬衣一换，穿上舒适的衣服，和成人五六人，少年六七人，到沂水里去游泳，在舞雩台上吹吹风，跳跳舞，大家悠哉游哉高兴地玩，尽兴之后，再快快活活唱着歌回家去。"孔子听了后，感叹道："我的想法和你一样。"

向圣者学习，圣人对待生活的态度和方式改变了困境中的王阳明。可是，王阳明内心最大的困惑依然没有解开。既然朱子的那种从事事物物上格物致知的方式不对，那圣典中的"格物致知"到底是何意呢？每想到这个问题他就苦恼不已。为了彻底解决此问题，他在屋子里，摆了一具石棺，日夜在石棺前静坐。看这阵势，后事都准备好了，不解决内心的困惑，他就不会罢休，哪怕坐到死为止。可能是坐的时间太长，身体和精神极度疲倦，他产生了幻觉，忽然听到一个声音对他讲格物致知成圣之道。他听闻后，从石棺前突然跳起来，大喊大叫道："圣人之道，吾性自足，以前求理于外界事物是错误的。"他几十年来想抵达的境界，并不在别的地方，也不是别人能给予的，圣是人的本性，沉睡在人的心。他以前千辛万苦，费尽心血要找的东西原来就在自己心里。心的本质是什么呢？是良知，是孟子所说的"恻隐之心、羞恶之心、辞让之心和是非之心"。人人都有这颗心，人人都可以成为伟大的尧和舜。神圣不再是谁垄断的权力，而是每一个人都具有的潜能。这就是他后来提出的致良知学说、知行合一学说的根本。成为圣人的方法并非是"从外而内"去发现，而是"从内而外"去觉悟和践行。是心决定了世界而不是世界决定了心。心具有的真理就是世界具有的真理。有什么样的心就有什么样的世界，心就是世界本身，即所谓"心外无物"。认识内部才能认识外部，内外才能合一。为何一般人不能认识到自己也有圣心呢，是因为心被私欲和意念占有了，被私欲和意念蒙蔽了。一旦意识到自己具有圣人品格，一切都简单了。

"人人皆可为尧舜"的心学诞生了，王阳明发现了人生最大的使命。这使命就是传扬心学，让世人也能像自己一样觉悟，也能达到圣人的境界，实践圣人的境界。只有大多数人达到人生的这种觉悟，社会才能改变，社会的政治问题、道德问题、战争问题才能根本解决。所以，他在流放的地方，积极传播他的"心学"，阳明书院的形成已见雏形，心学的流传已经开始。

后来，刘瑾被诛杀。王阳明回到朝廷，东山再起，被委以重任。他的心学，他的积极入世的主张，一起发挥威力，帮他收拾了叛乱的宁王，降服了深山中起义的农民。57岁的时候，倥偬战争生涯结束，他犯病在了回家的路上。临死前，身边的人问他有还有什么话要说。他微微一笑道："此心光明，亦复何言"。他的心学已经流传于世，他的武功可以媲美马援。年轻时候的两大人生理想都已经实现，他的弟子遍天下，他"马革裹尸"而还，还需要多说什么呢？他轻轻闭目，安然归去。

王阳明的心学追求生命潜能的开发，境界的超越，对人类大有益处。但是因为这种学问具有众生平等的人道主义的特点，很难被保守的官方文化所接受。心学只能作为一种私学，被一些知识分子在私下里领会，用来超越痛苦，提高自身，改造社会。王阳明之后的许多历史名人都是心学的信徒。"春风杨柳万千条，六亿神州尽舜尧。红雨随心翻作浪，青山着意化为桥。"心学的力量，推动着过去，也推动着当代。一位研究心学的学者曾说，21世纪将是王阳明的世纪。如果这句预言成真，那么未来的社会，该有多少王阳明一样的人物，那将是一个尽是英雄，尽是圣人的伟大时代！

第五章

洪秀全

第一节 渴求功名的客家青年

19世纪的中叶，在中国的南方，一批苏醒的草根青年，为了美好的梦想，开始了一场轰轰烈烈，改变人生命运的战斗——太平天国运动。领头的人叫洪秀全，一个数次落榜的书生。他不满异族的统治和压迫，以"以卵击石"的精神，创造了个人的传奇，成了太平天国的天王。他是一个以上帝的儿子自居的皇帝，这和其他的传统帝王如此不同。可是他的生命之开始是非常的普通。

1814年1月1日，正是晚清道光年间，洪秀全降生在广东一户客家人中。所谓客家人，是指从中原移居到岭南的汉族人。最早的客家人可以追溯到征服百越的秦人，后来是陆陆续续到来的西晋人、东晋人、唐人、宋人、明人等。每个朝代的晚期，一旦发生战乱社会大动荡，中原居民的第一反应就是"南迁"。为了躲避战争，他们往南往南再往南，越过黄河和淮河，越过长江、南岭，越过雷州海峡，甚至漂洋过海，到南海之南的爪哇岛国去，到世界各地去。据说在南宋末年金国入侵的乱世，洪秀全的祖上从北方南下到岭南。

到清朝中期，在南方这片富饶的土地上，洪家人流血流汗奋斗了几百年，但他们并没有取得什么成就。他们曾在痛苦纠结中多次破产，多次搬家。洪秀全出生时，他家在广州花县的福源水村的山谷中，后来又搬到山外平地上的官禄布村。人们常恋念出生故地，不到生死无路万不得已的地步，是不愿背井离乡的。可知，他家人生活的艰苦。不过，等到洪秀全少年的时候，洪家情况变得好了一些，他的父亲当了村长，家里有田有屋，还有几头耕牛。

洪氏家族生活在一个民族杂居地，那里存在着三大群体。第一大群体是已经生活在那里几千年的土著人，包括壮族、苗族、瑶族等民族。土著人的文化与汉族不同，与满族差异更大，他们曾在清朝中后期多次叛乱，和清朝绿营兵数次交火，骁勇好斗的土著居民尽管经常被打败，但他们的战绩不菲。第二大群体是社会地位和威望较高的官绅地主，他们是清王朝在那里的代表人物，是当地富起来的满族和汉族人，是此地的维稳力量。第三大群体是以洪秀全家族为代表的客家贫民。不同势力之间为了生存，冲突此起彼伏，而第三大群体势力较为单薄，只能靠着家族、村邻互相帮助。这样，尽管客家贫民在三大群体中势力最弱，但凝聚力最强。生存压力使客家人保有着独特的生活方式，他们的房屋布局与外不同，穿着打扮独具风格，家族的女儿一般是族内婚配。人们以"客家人"称呼他们，实际是把他们当成了"客人""外来人"，词汇里含有排挤和歧视的味道。在这种环境的影响下，客家人更倾向于团结一致，好斗性很强。

但是客家人依然是汉文化圈内的一员。他们的文化扎根在传统中国文化中。中国是靠儒家礼教立国的，践行的是周朝流传下来的宗法管理制度，家族在外受政府统治，但内部保持着自治的状态。家是礼教的堡垒，家是繁衍生存的立足点，几千年来，中国人就是几世同堂生活在大家庭中，脱离家庭自谋生路很艰难。洪秀全之所以能成为领导，和他的家庭、他的父亲、早期的耳濡目染有关。

洪秀全的父亲洪镜扬是洪氏家族的族长，又是官禄布村的村长。可别小瞧这个不起眼的职位，尽管全村只有三四百人，首领要做的事并不少。族里村里的农业管理、祭祀祖先、孩童教育、婚丧嫁娶、邻里纠纷等大小杂事，常常要由村里的首领出面管理。所以，做一个成功的村长，那需要相当的威信和能力。美国心理学家阿尔伯特·班杜拉认为，儿童学习的主要形式是"社会观察学习"。很多事，人不需要亲身经历，亲身体验，通过观察外界，就可以积累知识。

耳濡目染父亲做人做事的手段和技巧，洪秀全自然受益不少。同时，身为族长的父亲对他有着相当高的期望，洪秀全小时候被人称为神童。他父亲的身教言传和激励，族人对他们的尊敬和爱戴，增强了洪秀全的自信心和抱负水平，开发了洪秀全的志向和领导能力。

出生秩序对洪秀全的性格形成也有影响。他是幼子，上面两个哥哥一个姐姐。幼子在兄弟姐妹竞争中既有优势也有劣势。幼子的优势是，父母积累了多年的养育方式，可以产生最好的照顾；另外，幼子易于得到父母的偏爱，况且洪秀全非常的聪明。劣势是，在与哥哥姐姐竞争中，经验不足，力量不够。挫折往往能激起人们更强烈的竞争心，这也是后出生的孩子比长子好斗的原因。刘邦是这样，朱元璋是这样，洪秀全也是这样。但是，洪秀全小时候就失去了母亲，缺少亲生母亲的慈爱，使他性格有一种孤独冷酷的特点。

洪秀全小时候就是一个孩子王。他的族兄弟、表兄弟，如冯云山、洪仁玕、李敬芳等人朝夕和他相处。在这些同伴中，洪秀全的地位和名望是非同寻常的。洪秀全记忆力超强，熟读四书五经之书，儒家经典烂熟于心，被举村赞扬。16岁那年，第一次科举考试失败后，他还做了这些孩子的私塾教师，冯云山和洪仁玕等人就成了他的高徒。这些人和他的关系非同一般，成了他的得力助手、心腹。洪秀全在他的学生们心中应该是相当有魅力，他们一起生活和学习，在研究儒家经典中培养着人生的理想。他们有什么理想呢，科举入仕，成为成功人物，摆脱其他群体的剥削和压迫。

第二节　无路可走

可是，当青年洪秀全怀着美好的梦想，再一次走向考场的时候；当家人在为他翘首期盼的时候，他们生活的中心——省城广州却遭遇了大变故。梦想似乎成了一只摔坏在地上的风筝，再也难以起飞。广州发生了什么事呢？

广州是传统中国社会的"热土"，是中国与世界接触的唯一的一块前沿阵地。洪秀全的命运和当地的政治、经济的活动直接相关。如果洪秀全改个地方出生，那么无论他是否客家人，无论科举成败，无论他造反与否，对中国大局来说都可能无足轻重。但是，在19世纪中叶的广州经济圈，千千万万的人面临共同的宿命——失业。

从明朝嘉靖时期，政府就严申海禁，只存广州港口，广州成为全国对外贸易的唯一口岸。到了清朝初年，为防范台湾的反清势力，就在东南沿海"围海迁界"，实行海禁。但仍然延续明朝习惯保留了广州这个外贸口岸。由于"一口通商"的特殊地位，直至1842年签订《南京条约》为止，广州延续了奇特的320年的地理优势，垄断了全国的对外贸易。外贸商业促进了广州的大发展，广州成为第一大经济城市。明清时期，中国有三大商人群落，分别是晋商、淮商和粤商。北方的晋商做投资贸易，依靠遍布全国的钱庄票号做储蓄放贷业务。淮河流域的商人占据江河地理位置，依赖运输业和丝茶交易。而后起之秀的粤商，比其他两大商帮更厉害更富有，他们靠的是占尽天时地利人和的"国际贸易垄断"。广州的发达造就了一批世界首富。2001年，美国《华尔街日报》统计了1000年来世界上最富有的50人，来自广州十三行的伍秉鉴以2600万银圆的家产，赫然在列。除了伍秉鉴，十三行的其他商人如潘振承、卢继光等人也都是世界级首富。当时建在珠江岸边的伍家豪宅，远远超过《红楼梦》中大观园的壮观。广州的珠江湾，商船穿梭不息，金银如江水一般滚滚流淌。

当洪秀全第一次从山里来到省城广州时，这位曾牵牛耙地，撒种喂鹅的农家孩子会生出一个怎样的内心波澜？洋人的奢华，官商的豪阔，酒楼茶肆里的创富故事，珠江岸边箫声软歌里迷醉的人群，对他来说简直是魔幻的世界。这一切无不刺激着他的欲望，他的心。或许他暗暗下定了决心，他也要成为珠江岸边呼风唤雨的人物。可是这个目标怎样实现呢？那个时代，大商人都是官商，都带着政府的红顶帽子。所以，对他来说，无论做官和经商，方法只有一条：科举入仕。所以，他寒窗十多年，三次科举考试，矢志于功名利禄。尽管他失败了三次，但是他一直在努力。可是，等他第四次参加科举考试的时候，社会发生了翻天覆地的变化，他入仕的这条路已经无望了。

发生了什么变化呢？鸦片战争爆发了。洋人强迫大清接纳鸦片贸易，大清却虎门销烟，中外战争爆发。但是，大清数战数败，第七任皇帝道光在屈辱之中订下了《南京条约》。此条约中，清朝除割地赔款外，还要"五口通商"。所谓"五口通商"，就是大清要在沿海开放五个商业港口，加大外贸的力度。很明显，他们不满足于地大物博的中华帝国只给他们一个区区广州之地，他们想要的是整个中华市场，想要的是无约束的贸易的自由，想要的是鸦片和廉价工业品的倾销地。

五口通商发生在1842年，洪秀全时年28岁，广州经济大危机开始了。大量的廉价商品从国外而来，像水库的洪水溃坝一样，冲向了全国，瞬间冲垮了当地的原始手工业。另外，五口通商导致广州的贸易优势不再，大量的丝绸、茶叶和瓷器商品，异地交易。广州的贸易地位一夕巨变，以广州为中心的南方人在生活上受到重创。受损的除了十三行的富甲天下的商人们，更多的是数量庞大的靠种植、运输、帮工生活的下层人民。经济危机下，人们再也没有钱可赚了，失业人群骤然增多，生活得不到保障，不少人沦为了海盗和山贼，走向了"打家劫舍"的寄生生活。当投入生产的人越来越少，寄生的人越来越多时，社会进入了恶性循环，两广人的生活普遍恶化。

财富积累，他们用了几百年，但是蒸发只是一瞬的事情。广州经济圈很快从人间天堂沦落为人间地狱。社会遍布恐惧和焦虑。恰恰在这个时候，洪秀全的第四次科举考试又落榜了。要是在社会一片蓬勃发展、和谐稳定之时，他或许还能够在鼓励下再来一次。可是，生灵不幸，命运乖戾，人人自危，普遍地悲观绝望。如同世界末日到来，消极的情绪互相传染，他还能静心读书吗？

他从16岁参加科举考试，一直考到30岁，四次考试，四次失败，最后连个秀才的名头都没能得到。他是家中的骄子，族人的希望，是家乡人推崇的"神童"，可是结局竟是这样悲惨。他颜面尽失，内心绝望，心里流淌着奇耻大辱和对制度的无尽痛恨。回顾自己的命运，放眼广州的破落，社会的一幕幕悲剧和惨剧就在身边上演，他再无法做科举美梦了。这时，他还有什么理由扎猪尾巴一样的辫子呢，有什么理由继续做满大人的奴仆呢，有什么理由继续诵诗读经，做孔圣人的弟子呢？他失魂落魄从城里回到了家，拿起孔圣人的牌位砸了个粉碎，并烧毁了曾当作宝贝的四书五经。他对着政府所在的北方大吼："不考清朝试，不穿清朝服，我自会开科取士！"可是激情过后，他依然一无所有，没有职业，没有前途，身处世界末日。他饭食难咽，长夜无眠，白昼昏沉，度日如年。就在这极端迷茫之时，在一切希望都变成失望之时，在漆黑的长夜里，他忽然发现了一本"真经"。在那本薄薄的书中，他找到了一条拯救自我与社会的大道。

第三节 认知的魔力

一本书提供了新的人生方向。

这本书叫《劝世良言》，是他第三次在广州参加科举考试时，一个传教士在街头发给他的。当时，他还沉醉在学而优则仕的大梦中，把这本看似妖言惑众的书胡乱地丢在了旧书堆中。而内心绝望的他，再一次捡起这本书时，忽然感到十分的新鲜和亲切，还没有读几段就被上面的话吸引了："读书人们常常把文昌、魁星二座泥像，立为神而尊敬，想要使这些神灵保佑他睿智广开，提高智慧，考试高中。但是整个中国，大部分人都是信儒教的读书人，每个人都立其像跪拜，每个人都要求保佑自己中举，中进士，点翰林做大官。而为何每个人都拜这两尊像，一些人从少年读书考试，到了七八十岁也不能中秀才呢，难道他不是年年拜这两个神像吗，为何不保他高中呢？由此推论，这是儒教中人的妄想，功名心切，受迷惑而拜这两个神像。其实，尊敬天地的大主，相信管理全世界荣华富贵的神，才是符合正经大道的圣理。"

读到这，他已经呆住了，这道理分明在讲给他听，为他一人而写。他读书多年，天天忠心拜孔夫子，拜读书人的保护神文昌和魁星，结果呢，屡考屡败，尊严尽失。在这一本书里，他找到了失败的理由，并不是因为他笨，不努力，而是他所崇拜的儒家的神是蠢神。最后，他得出儒学实是骗人、害人之学。

这本书震动了洪秀全的心。对于科场失败后的洪秀全，有一种奇特的治愈力。书中讲了一个奇特的故事，描绘了一个迥然不同的世界。一个叫爷火华的神，是万物的上帝，是天地的大主。上帝创造了天地万物后，又创造了一男一女两位人类祖先。两位人祖本来生活在自在美妙的伊甸园中，每日观赏着繁花溪流，享用着仙果珍馐，没有风雨侵害，没有动物骚扰，时时享受着不尽的生命欢愉。但是，伊甸园里却有着一个邪恶的蛇魔，他诱惑两位人祖偷吃了"禁果"，人祖违反了天条大律，冒犯了上帝。上帝把他们逐出伊甸园，可是他们受到诱惑后，心中的恶行并没有彻底洗净。他们的后代也继承了这个缺点，出生时就成了有罪之人了。由于后人不全是正气而成胎，有恶根在心，善性常会大乱，有人就以作恶为能。人们背弃赐予生命的造物主，纵容自己的欲望，相信邪神，彼此开战，不再相信天地之大主。所以，人间越来越败坏，直到有一天，上帝派他的儿子耶稣基督降生凡间，拯救世界。耶稣基督在凡间生活到30岁的时候，忽然觉醒，开始了他拯救人世的任务。他从家乡出发，奔赴各地传道，宣扬信仰上帝即得救的真理。他辛苦传教，招收了12名弟子，拯救了许多迷茫生灵，直到他被门徒犹大出卖为止。在知道自己被出卖后，耶稣不是选择逃跑，而是心甘情愿被钉死在十字架上。他一心赴死，希望以此偿还人类欠上帝的罪债。他被罗马人钉死在十字架后，死后三日复活，灵魂升入了天堂，被信徒尊称为人类救世主、万军之军、万王之王。

《劝世良言》结尾写道，世界会发生大灭亡，天将降硫石大火，万物焚毁。在灭亡之后，善有善报，恶有恶报，神子耶稣基督将对所有灵魂进行大审判，善者进入天堂享乐，恶者将被罚入燃烧硫火的地狱受苦。书中还结合广州的实际，谈到社会世风日下，谈到了经济危机中广州的大火，说中国社会已经进入了大混乱、大崩溃的边缘。作者号召人们说，唯有信仰上帝和耶稣基督，人生才有出路；唯有信仰上帝和耶稣基督，社会才能进入太平天国，人间才能有欢乐和幸福。如果不信仰呢，就会被大火焚烧，被毒虫咬死，死后灵魂永坠地狱。

读完《劝世良言》后，洪秀全身心受到特殊的触动。迷茫中的他，不只是认识了上帝爷火华，认识了救世主耶稣，更多的是认识了自己，找到了生命的方向。

《圣经》中"以赛亚书"有这样一句话："我以名呼尔，尔虽未识我，我已称尔名。"特殊人物的名字和上帝看来也是有着联系的。那他洪秀全的名字和上帝有关系呢？洪秀全当时的名字叫"洪火秀"，他不用怎么费神，就发现了自己名字中蕴含有深意。他的名字和上帝的名字"爷火华"当中都有个"火"。除了"火"之外，还有"洪"，上帝曾经发下"洪"水，重造了人世，只保留下挪亚方舟上的生命。《劝世良言》有一章标题就叫"论洪水剿灭世界中的人和物"。洪秀全看到这，心中的抑郁可能会一扫而光。他洪秀全不应该是腐朽清朝的大洪水吗？

除了名字让他感觉到自己肩负神圣使命，他的一个梦也转变了自我认识。第三次科举考试失败后，他回到家里，身心忧愁困顿，生了一场大病。在病中他梦见自己被接入一个金碧辉煌的宫殿，在那里他被剖肝剜心，重洗肺腑，安装了一套新的内脏。一个黄袍金须的老人接见了他，说是他的父亲，并郑重其事地赐予他一枚宝印和一口宝剑。老人要他立誓，斩杀恶魔，使世界归真。他接纳了老人托付的任务，走出宫殿，来到罪恶的地方，手持宝剑，狂怒地奔驰，杀死了无数的妖魔。在战斗中，老人派他的大儿子帮忙。等他累的时候，一群仙女来服侍他，给他服食黄色的果子。最终他战胜了妖魔，回到了老人身边。老人告诉他，以后要以"洪全或者洪秀全"之名行走世上。

看了《劝世良言》这本书后，洪秀全明白了，他梦中的老人一定是上帝，帮他战斗的其实是他的大哥耶稣，而他是上帝的二儿子。老人为什么给他改名"秀全"呢，"秀"字上下分开就是"禾乃"二字，"全"字分开就是"人王"二字。在洪秀全的家乡"禾"字与"我"字读音相近，"秀全"就是"我乃人王"之意。原来老人是要他做人王拯救世界。

心理学家弗洛伊德说："梦是愿望的达成，是一种应付焦虑的潜意识机制。"如果洪秀全这样解释自己的梦，他也就很难产生高贵的自我认识了，正是他相信梦的神秘性，给梦做了一个不同的解释，他的身份就发生了改变。

一旦认定自己是神的儿子后,他发现了身上有着更多的非凡之处。他的生日就很奇特。按照西历,洪秀全出生在 1 月 1 日,西历是什么历,就是耶稣基督的历,这个特殊的日子表示着他与耶稣基督是同生日的。那么,他洪秀全的出生也代表着一个新纪元的开始。当他接触基督教的那年,他刚好三十岁。对于中国人来说,三十而立,三十岁,人生的一个转折点。对于基督徒来说,三十岁也是一个转折点,耶稣基督在三十岁那年,走出家乡,向世人传道。而他"觉悟"的时候,也正好是三十年华。

当洪秀全把这些信息串起来,用在自己身上时,他觉得自己新生了,过去的阴影一扫而光。他的生命在刹那之间四溢光明。他要以"洪秀全"之名行世,他的兄长在西方肩负神圣使命,成为西方的救世主。而他呢,同样肩负着神圣使命。他要在东方世界斩杀妖魔,成为东方的救世主。

洪秀全在此信念下,激情地创立了拜上帝教,自己成为第一个信徒。然后,他巡视周围的人,极力说服他们皈依此教。首先被说服的是冯云山、李敬芳两个表兄弟。按照《劝世良言》书中所说的方式,他们彼此之间做了正式的施洗。后来他们又说服了各自的家人,给他们做了洗礼。能改变一家,就能改变一村,就能改变一县,就能改变一省,就能改变一国。在一个个教徒的加入下,洪秀全对自己的事业踌躇满志。他的言谈举止,接人待物,也不再是过去的样子。他言行举止表现得端庄高贵,在常人看来,他举手投足之间,俨然救世主在世。他还打造了一把斩妖剑,常在清晨和夜晚高声诵诗练剑。其诗曰:

手握乾坤杀伐权,斩邪留正解民悬。
眼通西北江山外,声震东南日月边。
展爪似嫌云路小,腾身何怕汉程偏。
风雷鼓舞三千浪,易象飞龙定在天。

从洪秀全信念的转变中，可以看到认知因素的重要性。我们怎样解释自己，怎样解释自己的命运，怎样预言人生的未来，是影响命运的关键因素。在心理咨询、心理治疗中，一些人被抑郁症、焦虑症所折磨，一些人命运平凡，就在于对自己和世界的消极、平庸解释。而心理咨询师的目的主要是转变患者的认知。精神分析疗法、认知疗法、叙事疗法的效力都立足于这一点。一旦患者发现是某种视野或言说方式局限了他，就可能转变他对自我和世界的认识，从消极的解释变成积极的解释，这样，心理力量就产生了。不过，过于疯狂混乱的解释，往往是疾病和失败的征兆。

第四节　服众的方法

拜上帝教和它的教主，就这样诞生了。

它的诞生正逢其时，因为经济的大危机，社会的大动荡，两广地区的人们深陷在恐惧和焦虑之中，人们的焦灼不安的灵魂，正需要信仰的抚慰。在拜上帝教诞生前，白莲教、天地合、三合会、洪门等各种组织，各种邪术门派已经在那里大行其道了。迷信在这里疯狂生长，宗教在这里扎根发芽，帮派在这里角逐较量，各种怪异力量在四处蔓延。两广的清政府官员腐败透顶，经济崩溃的末世下，依然醉生梦死，只图自己的安危。他们为了不引来上面的追责，欺上瞒下，维稳的力量和决心都不够，只图大事化小小事化了。拜上帝教的产生并未引起统治者注意。

洪秀全和表弟冯云山一心传教，为了开拓更大的事业，在1844年年初和几个信徒去了广州发展。可是，城里的大市场早就被成熟的帮会势力把持，他们奋斗了几个月，没有几人跟随。创业在大城市遭遇失败，一些信徒们失去了信心，撂挑子回家了。两位创始人也觉得此地行情不对，细思之下，转战到农村去了。他们去了广西贵县发展，但是贵县的人们也对之不太"感冒"。几个月的时间，他们才吸纳了一百多个信徒。为了给传教造势，他们砸毁了当地影响较大的六乌神庙，可是遭到了人们的排斥。那里也待不下去了，两人另择地方，分道传教。冯云山只身去了最贫穷的紫荆山地区，洪秀全呢，一时大受挫折，在传教的半途有些迷茫。按理说，洪秀全对上帝的虔诚无人能及，奋斗的动力自不必说，著书立说与登台讲道理非他人能及。但是他的情绪容易急躁火爆，走村串巷，接人待物，设立站点，构建框架，指挥人员，管理杂务这些事情对他来说，并非所长。所以，洪秀全离家传教一年多，风餐露宿，身心疲累，收获零星。身上带的钱物也快用尽了，吃饭住宿都成问题，又没有冯云山在身边帮助，他就在快快不快中乘船回家了。

可是冯云山就不一样了。冯云山跋山涉水，深入到了紫荆山区深处。他来到这里后，隐姓埋名，决心打持久战，一心要传教成功。开始的时候他靠拾牛粪换米度日，后来给人放牛、砍柴、挑水干杂活为生。就这样，他逐渐得到了当地人的信任，因为有些学识，便被推荐为教书先生，慢慢安顿下来了。他为人诚恳，做事有方法有耐心，赢得了大家的敬重。当这些条件都成熟后，冯云山展开了传教的活动。这里地理位置偏僻，荒山野岭，官府不重视，帮派不理会，加之冯云山组织能力较强，做工作周到，还挖掘了杨秀清、萧朝贵两个优秀人才，传教工作进展得很顺利。以点带面，以一带十，以十引百，拜上帝教的队伍很快就达到了数千人。

当洪秀全困在家乡，创作《原道救世歌》、《原道醒世训》的时候，他接到了冯云山的秘密来信，信中邀他去广西做教主。他激动之余，简单收拾行装，再次到了广西。紫荆山的数千信徒在冯云山的口中，每日听到最多的就是洪秀全的大名，对他是黄土铺路，净水洒街，热烈欢迎。在数千教徒的拥护膜拜下，洪秀全找到了渴望已久的感觉。在紫荆山，他觉得真是有"爷、哥"保佑。在此信心下，他要谋业创国，收服百姓，带领普天下的教徒重建人间。

招贤纳士工作做得非常好，有了人才，传教工作就大规模地展开了。他们四处扩大声势，发起了大规模的"邪教"清洗运动。附近的土地庙、山神庙、邪神庙、龙王庙、孔子庙、孟子庙都被砸得稀巴烂。昔日崇高的神像，纷纷如衰草一样跌落在尘埃。当愚昧的穷苦大众看到鬼神并没有因之而惩罚他们时，更感觉到拜上帝教的神奇，越发相信、敬重他们。拜上帝教的规模迅速扩大到了附近的州县，信徒很快发展到数万人。终于，他们的对手出现了。附近的乡绅地主容忍不了这种挑战他们势力的异端邪说。他们联合地方政府抓捕了冯云山，地主的团练武装也袭击了虔敬的教众。不过，在杨秀清的组织下，通过行贿地方官，冯云山被救了回来。杨秀清因功成为重要的领袖人物。随着拜上帝教的汹涌发展，他们和清政府地方团练的冲突越来越多，彼此之间处于一种你死我活的状态。如果拜上帝教不加反抗的话，结局只能是领袖被抓被杀，组织被解散，教徒回家继续过种地烧炭的生活。

在如此压力之下，洪秀全、冯云山不能忍受理想的再遭毁灭，杨秀清、萧朝贵也不甘心过烧炭工的艰辛生活，他们决心孤注一掷。1851年1月11日，正是北方的隆冬日，拜上帝教信徒从四面八方而来，齐聚广西金田村。信徒们散发辫戴红巾，装刀枪备剑戟，召开誓师大会，杀敌祭旗。在这次大会上，他们的目的不再是局限于建立拜上帝教了，而是直接建号太平天国，封五军主将，把信徒改造成了太平军圣战士，正式举旗造反。一场农民革命拉开了序幕。可是，数万太平军能抵抗大清百万之师吗？这情况看起来是"以卵击石"。但是，如果这颗"卵"足够硬，而这块"石"已经风化不堪的话，碰撞之后破碎的是谁，就不好说了。而在洪秀全和杨秀清的内心，众心凝固在一处的拜上帝教一定可以击败溃烂不堪的大清政府。

起义是一件最冒险的事情，领袖的冒险是不甘于命运的平庸，那数万普通的男女信徒是为了什么呢？他们这些种地、挖矿的人，就敢于不要命，跟着几个莽夫去做杀头的事吗？小部分信徒可能是真正的破产农民，甚至是亡命天涯的囚徒和绿林强盗，他们渴望冒险。他们背负不少刑事案件，整日虫子一样地躲在深山老林之中，隐姓埋名地活着。如果能重见天日，挣得一个生存的机会，一点儿富贵前途的话，他们就可以去搏命。而大部分的信徒是出于从众心理，是稀里糊涂入了伙的。很多没有知识的百姓，入教的动机很简单，为的是大灾之年不生病不挨饿，能够让儿女活命，能够有口饭吃，有口气喘。入教之后，在"人人生而平等，天下多男人，尽是兄弟之辈，天下多女子，尽是姐妹之群"的感染下，他们多了心理归宿，多了安全感。人世冷漠，而信徒所在的地方却是一个温暖的大家庭。当起义开始的时候，他们被"上帝将遣大灾降世，有田无人耕，有屋无人住。凡坚信的前来，都将得救"的宣传征服了。此种情况下，信徒们在领袖号召鼓动下，凝聚力更强，热情而盲目地登上了太平天国这艘"挪亚方舟"。

天国的很多领袖并非为了真正的传教，而是利用宗教而重建山河，满足自己的野心。为了征服人心，让人们勇敢地在战场放胆杀敌，太平天国的领袖们使用了各种手段。

一是用天条规则管理人心。拜上帝教对信徒有着严格的精神管制。所有信徒要遵守"十款天条"。第一，崇拜皇上帝；第二，不好拜邪神；第三，不好妄提皇上帝之名；第四，七日礼拜，颂赞皇上帝恩德；第五，孝顺父母；第六，不好杀人害人；第七，不好奸邪淫乱；第八，不好偷窃劫抢；第九，不好讲谎话；第十，不好起贪心。"天条"明确打击了儒教和满族统治者的权威。起义后，大力宣传对上帝和洪秀全的忠心，宣扬清政府为蛇魔妖怪，宣扬信奉儒学的官吏是蛇妖的帮凶，这就把信徒和大清王朝的文化制度完全分开了。"十款天条"在平时是群众的生活规则，在战争时就成了纪律。

二是沉淀投入资本，剪灭退路。金田起义后，太平天国实行圣库制度，该制度下一人入教，全家入教，全家的财产归集体所有。田产卖掉或者直接抛弃，不能带走的财富，如房屋等，必须用火烧掉，牛羊，必须杀掉。这样，信徒对新事业的投资成本沉淀很大，付出很多，他们也不甘心离队。在后路完全断绝的情况下，离队是不大可能的。他们只有一心一意地待在队伍里，为了更好的未来去打拼。

三是利用群体闭塞效应，弱化成员的判断力。太平军经常进行远距离的迁徙转移，那些一生都待在小村庄里的人，行走个几十里可能就迷失了方向。加上敌人的攻击，哪里还敢中途脱队逃跑，对群体的依附越来越强。此外，在人为造成的极其闭塞的群体内，外界的信息他们一无所知，就是政府有免罪的告示发布，他们也接触不到。在严密的管理下，他们只能死心塌地地服从命令，跟随着大部队，跟随着领导大部队的领袖，与清政府开战。

四是利用群体极化效应，增加凝聚力量。生活在群体中的人，比独处时更具有冒险精神，胆子和破坏力也大。他们被改造后，装饰一致，言行举止一致，生活起居一致，内心又怀着对上帝的信仰，他们自认为天下无敌。

金田起义后，清政府调集大军，要把太平军消灭在广西境内。在杨秀清率领下，太平军人心齐整，个个放胆，打退了清军的多次进攻。攻下了永安城后，在冯云山的建议下，完成了政权的组织形式。太平天国施行以天王为首脑，军师负责的制度。比较像现在的内阁政府。洪秀全称为天王，其他五将分别封王，杨秀清为东王，萧朝贵为西王，冯云山为南王，韦昌辉为北王，石达开为翼王，所封各王，俱受军师东王节制。建制的完成，标志着太平军建国的正式开始。

建制之后，封王封将，各人官升数级，战斗的决心更大。他们浴血奋战，冲出了清政府的各路军队的包围，一路向北，入湖南，入江西，入湖北，打破了清政府歼敌于广西的战略。太平军沿路攻城略地，招募难民，滚雪球般地发展着，人数越来越多。起义两年后，太平军攻下了湖北的省城武昌，已经俨然五十万大军，成为清政府最可怕的敌人。

攻下武昌后，太平军水有千船，岸有万队，水陆齐下，一路向东出发。长江两岸的城市望风披靡，纷纷陷落。偌大的江宁古城也经受不住几天进攻，就告陷落，统治者居住的满城被屠。江宁被改名天京，成了天国的都城。太平军建都完成后，又开展了北伐和西征作战方略。北伐军队直指清政府的中心——北京。西征的军队控制了湖北、江西、安徽等地域。这样，整个中国就陷入了太平军导致的内乱中。在洪秀全等领袖的眼里，消灭清妖，统治中国可谓指日可待，他开科取士的理想也在建都后实现了。

起义的那一刻，没人能预料到他们能否成功，能走多远，一切的动机或许只是来自不想死的冲动，所做的造反的决断也不够理性。而追随他们的信徒更是盲目无知。但是，他们却万心为一心，向着看似不可能的目标前进了。而最终,仿佛天大的困难,他们接连克服。无论他们最后的成败如何,结局怎样,这一批19世纪中叶的中国人,成了历史学家眷顾的对象,成了名垂中华青史的人物。

第五节　艰难困苦,玉汝于成

太平军能脱困广西,能神速地发展,控制半壁山河,主要是靠东王杨秀清的领导。"艰难困苦,玉汝于成"这句话,常用来描述困难中成长起来的人物,而这句话特别适用于杨秀清。成书于天国时代的《天情道理书》曾说道:"至贫莫如东王,至苦亦莫如东王,生长深山之中,五岁失怙,九岁失恃,零仃孤苦,困厄难堪,足见天父将降大任于东王,使之佐辅真主,必先苦其心志,劳其筋骨,饿其体肤,乃天之穷厄我们东王者,正天之所以玉成我们东王也。"

杨秀清的出身确实很苦。小时候生在穷乡僻壤,五岁就死了父亲,九岁死了母亲。一个人孤苦伶仃,由伯父养大。这个孤儿能拿得动镰刀的时候,就上山加入了成年人的劳动队伍。稍长一些,他还得去体验"伐树烧炭南山中,满面尘灰烟火色"的烧炭生活。因为穷人们只靠薄田,不能养家糊口。杨秀清只能酷暑烧炭,寒冬运输,翻山越岭,渡河过江,到几十里几百里外的异乡他镇上去销售。就这样,烧炭、售炭成了杨秀清起义前的主要工作。他没有金钱也没有时间去读书学习,更别提考试中举的美梦了,他连考试失败的机会都没有。他一生字都不识几个。史书上记载,他管理国事,是听人禀奏而行。他曾对禀奏的人说:"我家穷失学,不识字,兄弟莫笑,但慢慢地读给我听,我自懂得。"一国之丞相,管理文武百官,诸多军国大事,竟然不识文字,这不能不让人惊讶。更让人惊讶的是他还能够把军国大事治理得游刃有余,井井有条。从这个份儿上说,饱读圣贤之书的洪秀全是无法与他相提并论的,不光洪秀全,浩浩荡荡数千年中国史,也没有几人是可以和他相比的。

孔子曾说,人分三等,第一等人天生聪慧,不学而成;第二等人，遇到问题，刻苦向学，学而有成；第三等人，遇到问题也不知学习，一生愚昧。这样说来，这东王莫非就是孔老夫子所说的第一等人？要是这样想的话，真是大谬特谬了。杨秀清的智慧，大有来头。来自哪里？生活的苦难。这种阅历怕是万两黄金买不来的高级课程。

他九岁的时候，家人全都死光。他的那几个兄弟，如杨辅清、杨元清、杨润清什么的，其实并非他的亲兄弟，是他后来行走江湖时，磕头认下的哥们儿。他像明朝的开国帝王朱元璋一样，满门死绝。他自己一个人就是家。没有了父母，有坏处也有好处。坏处是，没人疼，没人爱，大大小小的苦难都得自己顶着；可好处是，没有了他人的帮助，锻炼了独立性和做事的能力。杨秀清这个落难儿童在艰难困苦的生活中，在欺凌压迫中，在绝境中，奋力反抗，他占据了上风，长成了一个胆力超群，智谋十足，不知天高地厚的好汉。

烧炭之外，还要做运输和销售，这个活儿是他智慧来源的大课堂。那个年代，广西盗贼四起，兵灾遍地，运一车一船炭出山并不是简单的活儿。除了流汗出力外，除了练就一身打架的武艺外，还要懂得各种人际应酬技术。遇到官兵和盗贼该打点的打点，该战斗的战斗，该入伙的入伙，要培养黑道白道各种关系，铺就上天入地的各种门路。不然，不光那船炭运不到目的地，小命恐怕都难保。即使好不容易抵达了市镇，还要和很多奸商滑贾费尽口舌地算计，然后运到那些富商大官的家里。这都让杨秀清得知了社会的人情冷暖，贫富分化。

另外，在市镇的热闹处，也自然有消遣的地方，街头瓦肆里行走着三教九流的人物，说学逗唱的乡村讲座四处开展。如果常去做客，那些《三国》、《水浒》的故事总能让人沉迷。从杨秀清后来的兵法知识来看，他对《三国》、《水浒》的故事是相当熟悉。他的一些管理学和军事学知识可能就来自于此。就这样，每运一船炭，每到市镇上一次，对他来讲就是一堂大课。每一堂课，都增长了他的智慧，开阔了他的视野。这样，多年积累下来，杨秀清对江湖规矩了然于胸，对人情世故洞穿根底，对社会实况把握深刻，对好汉们风云际会的故事深深沉醉。

古语说，小心驶得万年船，如果用在培养孩子身上，用在教育上，可能就大错特错了。人总是需要磨炼才能成才，温室里的鲜花好看，但抵不住风霜。世上最好的磨炼就是动真格的战斗，苦难让杨秀清成为一块砸不扁锤不烂的金刚石。

冯云山来到紫荆山后，很快发现了这个奇才，便把他纳入了拜上帝教中。一入教会，杨秀清更是如鱼得水，大显神通，在群众之中的影响力非同一般。除了他有勇气、权略外，还不知从哪里学会了一种独门绝技，正宗的歪道邪术——降童术。这种巫术广泛地流传于两广地区，当地人把这些弄巫术的人称作"仙公仙婆"，在北方，就是人们常说的"跳大神的"。降童术的表演者看似装疯卖傻，胡言乱语，一阵引神，一阵招鬼，但是穷人们相信这个伎俩，这既能满足他们与神鬼交流的欲望，又能抚慰他们的某种焦虑心理。穷乡僻壤的人们既然笃信鬼神，那他杨秀清就可以堂而皇之地利用之，从而控制盲众的心理。在拜上帝教中，杨秀清把降童术玩到出神入化的地步，他在关键场合，屡次使用降童术，及时让上帝老人家附体，胡言乱语中他就获得了领导权，制服了盲目的信徒，也制服了其他领袖，以至于他的影响力很快超越了冯云山。除了代替上帝发号施令，管理引导信徒外，他甚至以上帝的身份来指使洪秀全，他成了太平天国最有权力的领袖。降童术，一种小小的伎俩，在他的运用下，小可以糊弄他人，养家糊口；大可以瞒天过海，窃取帝王之位。他算是中国历史上最了不起的"神汉"了！

如果说降童术是他善于观察人心，控制人心的一种武器，但也只能算是一种暗器。战场决斗，还真得凭借利器，具有真才实学才行。他杨秀清确实不乏这个才能。他有着高超的组织管理能力和行军打仗能力，是个雷厉风行的铁腕人物。史书上说他一纸令下，几十万大军那是风驰电掣，赴汤蹈火，灵活得如身使臂，如臂使指。在政治上，他能做到"即使是下层的小官员，升降必由天廷转奏，一文一字，刊刻必自京内颁行"。可见他的集权能力和办事效率。在维持秩序与执行纪律上，他做到了使"一切人等，无有例外，各有派定的岗位与职责，而全体动作各按轨道，循规蹈矩，如同钟表的机件运作那样精确"。

太平军进入南京，把这里作为首都。杨秀清治理大城市的能力也凸显了出来。他整顿营规，立法安民无人能及。凡新克复地方，安民严令一出，何官何兵无令敢入民房者斩不赦，左脚踏入民家门口者即斩左脚，右脚踏入民家门口者即斩右脚，法立令行，严严整整，真正做到了他向人民保证过的"圣兵不犯秋毫"的严明纪律。他爱护人民，向官兵教育爱民的道理，要他们关心广大人民的疾苦，要"有衣同衣，有食同食"。由此，各地民心悦服，军队到处战胜攻取。

　　清政府为了防止太平军向外发展，调集重兵，在天京附近建立了江南、江北两座大营。这两座大营对于天国来说，就如同大脑上的两颗随时会爆炸的血管瘤，随时都可能要了天国的命。当太平军西部的局面稍微稳定后，杨秀清便开始对江南、江北大营动切除手术了。太平军按照他的部署，数路大军前后夹击，在惨烈的战斗后，攻克了江北大营。战斗下来，全军疲惫不堪，为了不给敌人喘息的机会，他下死命令，让军队带伤负累投入新战斗，去攻击江南大营。这个决定引起前线将士一片不满，但是人们畏惧于他，没有人敢抗命。进攻的部队积极作战，结果又攻克了江南大营。这样清政府费尽心思，经营数年的根据地被完全摧毁了。当这个消息传到北方的京师，皇帝胆寒，满朝震动。这一切说明了杨秀清的坚定的战斗决心和凶猛的管理风格。

　　在杨秀清的领导下，天国一时达到创业的最高峰。天京城下，长江之水波澜壮阔，向海洋奔流，壮丽无比。然而，"金无足赤，人无完人"，奇才杨秀清在战略管理上出现了一些错误。他不能像大明开国皇帝朱元璋一样身在军营能手不释卷，并聘请老师，刻苦补课。他也没有广纳贤才，培养一群围在身边的高级参谋人才。有时，一些不入流的船夫马夫都是他决策的参谋。可见，太平军首领们的智囊团建设严重不够，战略失误在所难免。如"定都南京"和"北伐"这两件事就是比较大的失误。

　　先说"定都南京"一事。太平军攻取武昌后，是继续往北作战，还是沿江直下东南是存在争论的。当初，领袖们的观点并不一致。资料上说，洪秀全主张在河南定都，北依黄河与大清政府凭河决战。这个战略从当时的政治环境来说，历史学家们认为是可取的。当时河南这片地方，政治经济也发生了动荡，实力不小的捻军已经在那里崛起。如果太平军能打到河南，就能得到捻军和当地农民的加盟，实力会扩大很多。在地理上，河南是中国陆地的枢纽、大清帝国的中心地带，占据了河南附近的黄河流域，就切断了大清的信息和地理要道。战局有利的话，可以从河南向东向南扩大根据地，攻取淮河流域和江南，向西攻取陕甘地带。从太平军将领陈得才在陕西的发展来看，西北清军的统治是比较薄弱的，况且还有回民动乱造成的动荡。所以，洪秀全立都河南的主张还是可行的。可是，从李秀成投降后写的回忆录来看，由于太平军在武昌缴获了船只数千条，又有一个湖南的老水手在战船上向杨秀清建议，说金陵六朝古都，山险城固，面临浩瀚长江，背靠富庶江浙，是一个天然帝都，而河南的险要和富庶远逊于南京。杨秀清听他一说，动了心念，几十万本该向北的大军，就顺流东下了。

　　清政府腐朽不堪，防守不力，他们轻易地得到了大城南京，从官宦和国库里获得了大量珍宝和财富，价值有一千多万两白银。可是他们没有利用这些财富作为战斗的资本，而是建造了雄伟的宫殿，大选了嫔妃，配置了大量的佣人。太平军的领导，一个比一个阔气，车服装饰上镶金挂银坠珠玉，非常耀眼。创业资本就这样被浪费掉了。真是穷汉掉进温柔富贵乡，一时迷失了志向。如果按照洪秀全的主张立都河南的话，革命本色可能不会转变得如此之快，天国的国运会长久不少吧。

　　再说"北伐"一事。立都河南开封算是上策，立都金陵虽然说不是很好，也算是中策。既然选择了中策，好好经营，前途也是一片光明。想当年人家大明的朱皇帝就以此为都，打到了大都，解放了全国。所以，稳坐南京后，如果能够吸取历史经验，在朱皇帝的战略上做一些调整，太平军也是非常有希望的。朱皇帝在统一祖国上有什么策略呢？他统一江南后，欲进行北伐，深思熟虑后，得出了下面的结论："元朝在那里建都百年，城市防守必然坚固。若孤军深入，不能立即攻破，停顿在坚城之下，粮草不继，敌人的援兵从四面八方而来，到时前进不能战斗，后退无法防御，这对我方来说是大不利。如果能够首先攻取山东，撤销掉他的屏障；回师河南，断其羽翼；拔掉潼关的防守，占据天下的枢纽。这样，天下的形势，就被我掌握了，然后进兵元都，那么他的势力孤单援兵断绝，就可以做到不战而克。攻克了他的帝都，只需放马行走，陕西、蒙古、甘肃就可以席卷而得。"

可惜，聪明绝顶的杨秀清却没有学过这一课，身边也没有能人提醒，他竟然出了一个下招：孤军北伐。如果是吓唬对方，打个心理战，用老弱病残的小股部队去也就罢了，可他派的却是林凤祥和李开芳领导的广西老战士军团。这支军队是太平军的中坚，是他们的创业资本，竟被他毫不含糊地派了过去。那时的清政府比过去的元政府可要强大许多，那座北方帝都经营了近200年，能不城高池深吗？是区区两万精兵可以攻破的吗？可他偏拿熟羊腿去砸恶狼嘴，还能期望什么呢？两万精兵强将，孤军深入，进军北方不到一年，就被人家全体歼灭。不光伤害了自身，还陪人家练了兵，增长了人家的信心。杨秀清犯下这个错误或许和太平军一贯的冒险成功有关，他们从广西一路冒险打到武昌，不也是滚雪球一样越滚越大，成了气候了吗？他认为这个经验在黄河之北同样可以复制。可惜，轻视了敌手，一味冒险，造成北伐惨败。

第六节　自毁长城

比起"天京事变"，这些过错还不是天国发展的致命之处。天京事变，兄弟大规模内斗，才是其衰败的根本原因。

1856年，在东王杨秀清的指挥下，太平军连续攻下了江北、江南两座大营，清军真是闻风丧胆，一时不知如何防御太平军的发展了。天京的压力扫除了，而高墙之内，兄弟们的矛盾却激化了。

江南、江北大营的扫除，杨秀清功业显赫，在军中的影响力更是达到顶峰。胜利膨胀了他的野心，威风张扬，不知自忌，九千岁杨秀清想再增一千岁，晋升万岁之位。他开始打击异己，向洪秀全夺权，施展降童术，以天父的身份逼迫洪秀全称自己万岁。而这个天王万岁呢，很早就做了一份朝臣权力关系图，日夜琢磨着限制东王的权力，准备实行乾纲独断。除了他俩的矛盾之外，杨秀清与其他几位王爷的矛盾也很大。他曾杖打过天国四号人物北王韦昌辉和八号人物天官正丞相陈承瑢。陈承瑢心怀仇恨，表面奉承，背后叛变，告密洪秀全，说杨秀清要篡夺君权。洪秀全在他的煽动鼓励下，召集韦昌辉和秦日纲在深宫密谋，他们下定决心除掉杨秀清。

在韦昌辉和秦日纲的带领下，数万部队深夜出击，包围了东王府。杨秀清一家老小在睡梦之中，就被他们刀砍矛刺，死在血泊之中。一介跋扈英雄，就此毙命。杀了东王后，害怕他的部下报复，斩草除根，又大开杀戒，屠杀了两万多人。石达开到来后，非常不满，责备韦昌辉杀人太多，杀红了眼的韦昌辉不顾一切，又杀了石达开一家。石达开只得夜缒城墙，逃出生天。等回到安庆后，石达开起兵讨伐韦昌辉，要求天王洪秀全杀掉罪魁祸首以谢天下。天京以外的太平军将领纷纷表态，支持石达开，洪秀全只得下命令诛杀韦昌辉。韦昌辉却狗急跳墙攻打天王府，最终战败被杀。洪秀全又在压力之下，处死了事变的主使者陈承瑢和秦日纲。可是，失望的石达开对天朝不再留恋，他带领数万精锐将士离开了前线，决心远走四川去创业，去另辟一处天地。天京事变就这样悲惨收场。再看此时的天朝内部，还有谁能收拾得了局面，还有几个能人为主效忠？

天京事变，举国震动，敌手大笑，天民悲泣。领袖内心气馁，前线将士军心大乱，再没有人相信建立人间天堂的理想了。民谣纷纷传唱"天父杀天兄，终归一场空，打打包裹回家转，还是做长工"，士气全面瓦解。太平天国就这样由极盛到极衰，走向了败亡之途。

天国的失败，除了领导人物的失误、矛盾之外，还有制度上的原因。天国在治国上施行军师负责制，这种制度可以在文学名著《水浒传》中窥见一二。在《水浒传》中，一百单八个好汉，从第一把交椅排到第一百〇八把交椅。领导层分为三十六员天罡星系集团和七十二员地煞星系集团，天罡星系的地位高于地煞星系。排在前面的是大哥，后面的就是小弟。太平天国的领袖们同样也是两大集团，按座次排位置。精神领袖洪秀全称天王，万岁，第一把交椅；东王杨秀清，九千岁，第二把交椅；西王萧朝贵，八千岁，第三把交椅；南王冯云山，七千岁，第四把交椅；北王韦昌辉，六千岁，第五把交椅；翼王石达开，五千岁，第六把交椅。这六个人便是天国的天罡星系，"政治局常委"；其他的丞相将军们只能属于地煞星系了。

此种制度下，洪秀全支配神权，杨秀清支配政权和军权，东王的实力远大于天王的实力。在起义的初期，军师负责制还是很有优点的，它能发挥各位领导人的特长。太平军从金田打到南京，建立了第一个根据地，虽然军务倥偬，政务日繁，但一切都在有条不紊地运作。各王都能充分发挥潜能，天王信任各王，各王认真负责，总体而言是团结向上，稳定进取。如果继续下去，太平军很有可能推翻清朝，重整中华河山。可惜在得了天京城的财富后，在发迹富贵后，炽热的权力欲望已经战胜了革命的理想。"普天之下皆兄弟，灵魂同是自天来，上帝视之皆赤子"的兄弟们，为了独掌大权，展开争夺战。太平天国没有成功，就爆发了内部的权力斗争，是制度的不足，也是人心变异的结果。

哪种制度是比较适合封建社会的创业者呢？纵而观之，从秦始皇立国以来，各位英雄们基本上采用的都是类似君王为首，谋士为幕僚，丞相为辅助，将帅为手臂的法家管理方法。这个制度下，君主大权独揽，无人敢挑战，也就难以在内部出现两个老大争夺万岁的局面。不过，这种制度需要老大的高素质，可是洪秀全的素质实在不敌杨秀清，这为内讧埋下了伏笔。如果杨秀清再拖延数年逼宫，或者陛下杀手干掉洪秀全，或者洪秀全不要那么冲动，除掉杨秀清的手段不那么激烈混乱，天国也可能长命一些。可惜，杨秀清太骄傲了，太明目张胆了。

天京事变之后，洪秀全实现了大权独揽的梦想，但是他军事能力和政治能力有限，对外姓人很怀疑。他要治国，始终需要有才能的人来帮他，可是他又害怕那些人篡了他的权。于是大用心腹和亲属，造成庸才当朝的局面。这样，天国的实力江河日下，不几年，政治和军事一片混乱。在战场上,太平军没有了往日的辉煌。以至于后来洪秀全都开始怀念起了杨秀清。他把杨秀清死亡的日子称为东升节,举国纪念,又不无痛惜地感叹:"要是南王冯云山还活着的话,天京事变的悲剧就不会发生。"

第七节　灭亡前的疯狂

洪秀全这个带头大哥很不给力。

灭亡太平天国的诸因素除了曾国藩和他的湘军,除了兄弟们的内讧,主要还有洪秀全这个领导者不给力。他晚年的心理认识扭曲,对于他一手创建的、在青年时代梦想期盼的天国,他是疯子一样地享受,傻子一样地管理。

时间回到1864年,太平天国的首都天京被曾国藩十多万湘军围城数重。天王洪秀全危难之际,调遣各路大将前来勤王救驾。可是,环顾此时的天下,天王还有哪些可用的大将呢?自从天京事变后,天国就处于守势的状态了,战场处处失利,领地接连缩小,大将战死的战死,投降的投降。到1864年的时候,只有苏州的忠王李秀成,陕西的扶王陈德才、遵王赖文光,江西的侍王李世贤几个可用之人了。这几位大将中,忠王李秀成是最有能力、最得人心的将领,他曾经在太平军夺取江北、江南大营时,立下过大功,后来又攻占了江苏南部,建立了苏福省。他的军队打败过清军和洋人的同盟军,打死了洋枪队首领美国人华尔,成为守护天京东南一翼的重要力量。

天京被围,李秀成来到天京勤王。他上奏书给洪秀全,分析战略形势,指出只有放弃天京,避开敌人的主力,做战略的撤退,向西北发展才能大有可为,待在天京只是死路一条。这条建议怎么样呢?陈德才、赖文光在西北的强劲发展,以及天京陷落后赖文光在那里长达四年的战斗,充分说明了李秀成建议的正确性。可是一听到"让城别走",洪秀全就不高兴了。他严厉地责备李秀成说:"朕奉上帝圣旨、天兄耶稣圣旨下凡,做天下万国独一真主,何惧之有?尔说无兵,朕之天兵，多过于水，何惧曾妖，朕铁桶江山，你不扶，自有人扶。"看到盲目的洪秀全要死守天京城，与城共存亡，身为忠王的李秀成只得无奈留了，帮其守城。

1864年5月，在湘军的重重包围中，太平军坚守数月，外无援军，内无粮草，在饥饿和病疫中抵抗着。数月来，洪秀全每天祷告，没有盼来上帝的天军，却在饥饿和焦虑困扰下大病染身。李秀成后来回忆说："他得病后，不食药方，任病发展，不好也不服药，是以5月26日而死。"可见，这时的洪秀全已经丧失了理智，跟汉高祖刘邦晚年的境界有得一拼，自以为"我一介布衣，手提着三尺剑能得到天下，这命是上天安排的，医治又怎样？"洪秀全死后月余，天京城被攻破。湘军屠杀全城老弱，把财宝占为己有，又掘出洪秀全的尸体焚烧，为了消灭贪财罪证，又大火焚烧天京城七天七夜。洪秀全和他的梦想在冲天大火中，灰飞烟灭。

对于天国的失败，李秀成临死前分析了个中原因，写下了天国十误："一、误国之首，东王令李开芳、林凤祥扫北败亡之大误。二、误因李开芳、林凤祥扫北兵败后，调丞相曾立昌、陈仕保、许十八去救，到临清州之败。三、误因曾立昌等由临清败回，封燕王秦日昌复带兵去救，兵到舒城、杨家店败回。四、误不应发林绍璋去湘潭，此时林绍璋在湘潭全军败尽。五、误应东王、北王两家相杀，此是大误。六、误翼王与主不和，君臣相忌，翼起猜心，将合朝好文武将兵带去。此误至大。误主不信外臣，用其长兄、次兄为辅，此人未有才能，不能保国而误。七、误主不问政事。八、误封王太多，此之大误。九、误国不用贤才。十、误立政无章。"

这十误中有三误，被李秀成称为大误。分别是北伐大误，东王被杀大误，封王太多大误。前几条可能多是杨秀清犯下的错误，后几条全是在指责洪秀全管理无方。不过，太平军能攻下江南、江北大营，说明杨秀清犯的错误不至于灭亡。而洪秀全所犯下的错误那是直接导致了惨败。

为何晚年的洪秀全不能采取灵活的管理手段呢，为何他不能放心任用将领，使太平军团结一心，凝力一处呢？追究根本，心理原因。

洪秀全来到天京后，心理发生了大变化。在天京事变前，他一朝富贵，躲在后宫三千粉黛佳丽的温柔乡中，不愿走到革命前线。他与将士们逐渐脱离，同时大用金银，铺张浪费，造成领导群体内奢侈之风盛行。可以说，暂时的富贵迷住了他的眼睛，虽然只得到半壁江山，有大兵压境的危险，但他只图深宫享受。可以说，权欲消磨了他的意志，富贵造成了他的堕落。天京事变后，兄弟互相残杀，他疑心更重，用亲不用贤，造成上下贪腐，国不成国，军不成军的局面。太平军分裂成多股力量，各自独立作战，没有统一的对敌策略。到最后，他更是信神不信人，用神不用人，心理认识扭曲，迷信神力，即使有大才之人陪伴身边，但也视而不见，用之不重，终致天国失败。

欲让其灭亡，必先让其疯狂。权欲、富贵让其疯狂和灭亡也！

第八节　屡败屡战的家风

本书要讲的最后一人，是一个读书人，和李斯一样的读书人。

此人姓曾名国藩，出生在大清帝国的一个小地主之家，而他死时，却是大清帝国的一代名臣，富贵堪比帝王，英名久传不衰。有句民谚满大街飞："做官要学曾国藩。"他是如何从一介平民奋斗到天下闻名的呢？

1811年，曾国藩出生在湖南省长沙府湘乡县（比洪秀全大3岁，比杨秀清大10岁），他家自认为是孔门贤者曾子的后代，不知何朝何代，也是由北南迁而来。曾国藩的爷爷曾玉屏读书甚少，但人生阅历丰富，为人处世自有一套，经营事业非常拿手，日积月累成了一个小地主。但是，那个时代，比现在还要拼学历，连秀才都不是的他，自然遭受了不少白眼。曾玉屏心高气傲，不能忍下这口气。他年龄大了，不能再读书，便矢志培养儿子曾麟书，即曾国藩的父亲，要他为家族争一口气。在父亲的支持下，曾麟书放弃了农业劳动，把自己整日关在屋里，寒窗数年，闷头苦读，希望获得功名。可是他考场不利，从垂髫少年一直考到满头白发，考了17次，次次名落孙山，连秀才都没有考中。估计曾麟书都沦为了家乡的笑谈和奇闻了。但是他没有自尽，也没有像洪秀全三次不中就气得发疯，可见其心理韧性还是比较强的，让人敬佩。

曾家两代人的理想次次落空，希望只能寄托在第三代身上了。曾麟书结婚不久，既是长子又是长孙的曾国藩就出世了。他出生的时候，爷爷曾玉屏就做了一个梦。什么梦呢？一条巨蟒缠在他家的房梁上。蟒，那是有含义的，代表着国之大臣。《红楼梦》中有一句诗叫"昨怜破袄寒，今嫌紫蟒长"，说的就是这蟒。因为清朝的一品大臣穿的是紫色蟒袍。爷爷的这梦很吉祥。后来，曾国藩患了"火蟒癣"，身上长着像蛇鳞一样的癣，不少人认为曾国藩和他爷爷的梦暗合。祖父的期望给了曾国藩多大的自信啊！

曾国藩6岁就进了父亲的私塾，开始学习经、史、子、集。祖父的期望，父亲的一次次失败，强化了曾国藩对读书取功名的执着。他少年便立下了志向：自拔于流俗，做与众不同的人。这也是曾国藩成功的家庭因素吧。所有人的希望都寄托在他身上，他一定要完成家人的夙愿。他曾说："一个人要读书，哪里都可以读，书房可以，割草放猪的时候可以，喧闹的街市也可以。"可见，他读书的定力和志向。他的学习能力显然比他的父亲要强很多，但是时人评价他并非天资优异，只是才智中上而已，他的成绩主要是靠着刻苦学习得来。

14岁，曾国藩就和父亲一起参加秀才府试，结果双双落榜。后来他又四处拜师求学，刻苦发奋，又连续考了6次，终于在22岁考中秀才，在考中的学生中他的成绩是倒数第二名。但是，好运到了挡都挡不住，第二年，参加会试，又考中举人。本以为会连中三元，哪知，连续参加了3次考试，才在28岁名列第三甲，赐予同进士出身（这可能是时人评价他才智中等的原因吧）。或许是他的父亲的考试经历带给了他鼓舞，他的父亲可谓"屡战屡败，屡败屡战"。这种倔强战斗的精神后来成了曾国藩的一种性格，也成了曾家的精神。他在与太平军的作战中，面对困难，锲而不舍，最后取得成功。不过，与那些千千万万落榜的人相比，他的科举之路还是相当完美。

成熟以后的曾国藩留着漂亮的胡须，长着一双三棱眼，与人交流，不苟言笑，城府颇深，呈现出一种不同的威风来。曾国藩兄妹9人，他排行老大，他的性格稳重、保守和谨慎，并以"迟重"和"慎独"标准来修行儒学。32岁的时候，他给自己的生活立下了12项严格要求，这12项要求分别是：

早起：黎明即起，醒后勿沾恋。

主敬：整齐严肃，清明在躬，如日之升。

静坐：每日不拘何时，静坐四刻，正位凝命，如鼎之镇。

读书不二：一书未完，不看他书。

读史：念二十三史，每日圈点十页，虽有事亦不间断。

谨言：刻刻留心，第一功夫。

养气：气藏丹田，无不可对人言之事。

保身：节劳、节欲、节饮食。

日知其所无：每日读书，记录心得语。

月无忘其所能：每月作诗文数首，以验积理的多寡，养气之盛否。

作字：饭后写字半时。

夜不出门。

他的这种严格的修德进业的行为规范，除了是为适应官场的险恶环境，也是本着自拔于流俗向孔子、曾子、朱熹这样的儒学大师看齐的。他专心于儒学，把儒学看成安身立命的所在，是他后来与太平天国对抗的重要精神原因。洪秀全在创立拜上帝教的时候，就把自家书塾里的孔子牌位砸烂。每当太平军占领一个城镇后，必须要做的就是玷污孔庙，把庙中排列的孔子门徒的牌位扫除，把孔庙改为军火储藏所、马厩，甚至把南京的孔庙改为屠宰场。当时的一个读书人这样描述太平军占领南京后的毁孔运动，"孔、孟于尔亦何病，搜得藏书论尔挑，行过厕溷随手抛，抛之不及以火烧，烧之不及以水浇。读者斩，收者斩，买者卖者一同斩。"一个拥孔，一个排孔，一个把儒学看作自身的性命，一个把反儒作为终生的事业，曾国藩与洪秀全两人实在是不共戴天的冤家。

第九节　读书人治军

曾国藩40岁时，屡次上书咸丰帝，要求以儒学精神，施行改革，谏言激烈，并批判皇帝的管理能力。咸丰皇帝看了他的奏折，大发雷霆，将他的奏折扔于地上，甚至要治他的罪。这个时候，广西事起，农民疯了一样地造反了。太平军从广西出发，一路向北，入湖南，进湖北，向大清王朝宣战。八旗子弟的各路绿营兵纷纷奔赴前线，但是太平军那是打也打不败，拦也拦不住。咸丰帝吓坏了，危机之下，要建立最大的统一战线，进行权力改革，决定重用汉族中的既得利益集团。他想到了那个骂他的曾国藩，想到了以汉治汉。你曾国藩既然有一颗报国的雄心，那就去前线带兵打战，为君立功吧。曾国藩接到圣旨，诚惶诚恐。多少大清的得力将帅都不能戡乱，他曾国藩一个文人能有什么威力？看来皇帝要置他于死地了。不过，太平军正在大肆冲击他的故乡，他们不光要砸了他家乡的孔庙，还可能要杀光他的家人。看来怎样都是一死，那就与长毛们决一死战吧。他星夜赶回家乡，组建起了自己的队伍——湘军。

曾国藩读书做官可以，治军行吗？历史证明，他的湘军确实比国家正规军绿营兵强多了。他在管理军队上有一套独特的方法。湘军将士以营作为管理单位，每营685人。官兵由营长自己招募，主要以亲戚、同门、朋友等人为主。治军时，以儒家三纲五常的礼数，尊卑上下的等级制度为军礼基础。因此，营里的将士凝聚力较强，忠诚度很高。另外，他重视士兵的质量建设，他认为"兵愈多，则力愈弱；饷愈多，则国愈贫"。兵在精而不在多，为了保证自己招募的是精兵，在招募的时候，学习抗倭名将戚继光的做法，选择那些老实可靠，人品诚实的人，防止军队里混入街头混混、赌徒、强盗、罪犯等人。所以，湘军的士兵易于教化，服从性强，忠诚度高，远比一般的地方团练厉害。

经过长时间的辛苦训练，曾国藩觉得湘军可与太平军争个高下了，才把大军拉到前线。在鄱阳湖和长江战场，他亲自指挥。湘军几度与石达开交战，但是却接连溃败，连他的帅船都被缴获，丢失了大量珍贵的文件资料。湘军的失败不在于士兵的质量，而是将帅的指挥不如人，实在是强中自有强中手。战场临机作战，谋划运作的实战能力曾国藩显然不够。他的对手石达开评价他道："虽不以善战名，而能识拔贤将，规划精严，无间可寻。"

屡战屡败，他羞愧不堪，想着策马赴敌以死，被下属拦住；想着投水自杀，却被人救起。面对太平军他真是恨之入骨。对儒学的大爱，对拜上帝教的大恨，使他心中生出杀气。他用刑苛酷，对于押解而来的战俘，重则立刻砍头，轻则打死杖下，最轻也要打上千百鞭子。他审案时，即时询问，即时正法，毫不拖延，毫不留情。在他给弟弟曾国荃的信中写道："既然以杀贼为志，何必以多杀为悔。"但是，他的酷杀并没有使他在战场上取得必胜的优势。形势的改观直到天京事变之后才出现。太平军自相残杀，曾国藩捡了一个大便宜。

1864年，曾国藩趁乱击败了安庆太平军，而后官位升到两江总督，成为清朝最高级别的封疆大吏。他一时掌管东南半壁江山，富贵通天，赫然是汉臣中最出色的人物。这个读书人的成就已经达到了登峰造极的地步了。但是，他杀人的手段却没有减弱。1864年夏天，天京城被曾家军攻破，随即开展了屠城和掠夺妇女的行动。史书记载："沿街死尸十之九都是老人。不到两三岁的小孩匍匐在路上，被砍致死。老者无不负伤，或十余刀，数十刀。四十岁以下死亡的妇女没有一人……""三日之间毙贼共十余万人，秦淮长河，尸首如麻，三日三夜，火光不息。"一个读书人在日记中写道："昨夜诸侯今庶人，江宁民家尽死人！"当时的老百姓给他取名"曾剃头""曾屠户"，可见并不是虚夸。为了清政府的统治，为了他自家的利益，一介书生化身屠夫，杀尽江南几十万人。这种疯狂的屠人行径难道是孔门所提倡的吗，他是不是已经走火入魔？

天京被攻破，忠王李秀成被捕投降，暗示曾国藩抓住时机，杀败满族人，建立汉王朝。他能够为民族扬眉吐气一把吗？李秀成想错了，他立即杀人灭口，断了口舌是非。他以为这样做就可以得到大清主子的赏识,成为一代名臣了。可是威风还没几日,圣旨到了。高调加封他为武英殿大学士,太子太保衔,皇帝亲书"勋高柱石"以褒奖。但清廷的真正意思很明确,要剥夺他的权力,要他立刻遣散湘军。

他只不过是满大人的一条猎狗罢了。"狡兔死,走狗烹",虽然满大人没有烹了他,却是不会让他好过的,想尽方法削弱他的势力和名望。1866年,清政府派他围剿捻军,但是给他指挥的部队却是淮军。一支陌生的军队,他怎能指挥得当。剿匪无功,他被贬官惩处。当他以为从此以后再无是非,可以顺利地退休去安享晚景的时候,清政府又扔给他一个烫手的山芋——天津教案。

列强侵华,教会是一个主要工具。1870年,天津民众为了反抗教会对民众的侵扰和迫害,杀害了教会机构中的数十人。这导致外国军舰开赴天津,各国公使向清政府抗议,天津教案发生。这个案件事关民族大体,而曾国藩却在主子的示意下,维护洋人的利益。他对参与教案的民众严格用刑,处死了为首的18人,流放了几十人,并把天津知府、知县革职流放,赔偿外国人46万两白银。并派使者去欧洲,向法国政府呈递道歉书。法国总统回答道:"法国所要的,并非中国人的头颅,而是秩序的维持和条约的信守"。洋人给了崇洋媚外者一记火辣辣的耳光。天津教案后,曾国藩声望大跌,他在京城的同乡以他为耻辱,人们纷纷骂他卖国贼。在一片骂声中,曾国藩被免职回家。

1872年,他脑病发作,病死在家中。盖棺定论,有人说他是历史的罪人,人民的罪人。有人说他是内圣外王,中兴股肱之臣。有人说他延长了腐败的清王朝,有人说他拯救了中华文化。青年时期的毛泽东,潜心研究他的文集,说道:"愚于近人,独服曾文正。"后来又说:"曾国藩是地主阶级中最厉害的人物。""中华民国"总统蒋介石对他更是顶礼膜拜,认为曾国藩为人处事之道,"足为吾人之师资"。

曾国藩是一个复杂的人物。他是太平天国的一颗克星,是大清政府的一颗救星,是曾家人的一颗恒星。在他死后,他的儿子曾纪泽成为大清的第一代外交明星,他的学生李鸿章成为清末一代政治巨星。

在历史的天空，斗转星移，一切仿佛都是划过天空的流星。

可是，每一个人并不是这世上的过客，每个人都是这世间的主人。每一个人，他的价值都时时面临着最后的审判，时时刻刻都蕴含巨大的意义。审判我们的并非上帝，而是我们自己。每个人在审判别人时也是在审判自己。他每时每刻都是和历史、他人融为一体的，每时每刻都在使世界走上不同的方向和道路。这世上的一切都和他有关，要他行动和负责。如果不是这样，这闪烁着智慧之光的生命还有什么意义？

参考文献

（春秋）《易经》，北京燕山出版社2006年版。

（春秋）老子：《道德经》，云南人民出版社2011年版。

（春秋）孙武：《孙子兵法》，上海古籍出版社2012年版。

（战国）韩非：《韩非子》，中华书局2010年版。

（战国）荀子：《荀子》，中华书局2007年版。

（汉）黄石公：《素书》，大众文艺出版社2009年版。

（汉）黄石公：《三略》，经济日报出版社2012年版。

（汉）司马迁：《史记》，北京燕山出版社2007年版。

（南朝宋）范晔：《后汉书》，中华书局2012年版。

（宋）司马光：《资治通鉴》，岳麓书院2009年版。

（明）朱元璋：《大明太祖高皇帝御制文集》，网络版。

（清）张廷玉：《明史》，中华书局1974年版。

（清）王夫子：《读通鉴论》，中华书局2013年版。

［美］詹姆斯：《心理学原理》，田平译，中国城市出版社2010年版。

［英］培根：《新工具》，商务印书馆1984年版。

［奥］阿尔弗雷德·阿德勒：《自卑与超越》，吴杰译，汕头大学出版社2008年版。

［美］戴维·迈尔斯：《社会心理学》，侯玉波等译，人民邮电出版社2006年第8版。

［奥］弗洛伊德：《精神分析引论》，高觉敷译，商务印书馆1984年版。

［美］阿尔伯特·班杜拉：《社会学习理论》，中国人民大学出版社2015年版。

［美］保罗·费耶阿本德：《反对方法——无政府主义知识论纲要》，周昌忠译，上海译文出版社1992年版。

［意］马基雅维里：《君主论》，潘汉典译，商务印书馆1985年版。

罗尔纲：《太平天国史》，中华书局1991年版。

杜维明：《青年王阳明：行动中的儒家思想》，生活·读书·新知三联书店2013年版。

冯友兰：《中国哲学史》，华东师范大学出版社2011年版。

［美］舒尔茨：《心理传记学手册》，郑剑虹译，暨南大学出版社2011年版。

［美］埃里克·埃里克森：《甘地的真理》，吕文江等译，中央编译出版社2010年版。

李抗：《迎头撞上心理学》，北京大学出版社2009年版。